原來春秋戰國這麼鬧？

朱燕 著

樂律

弒君未遂反成宰相、想退休卻被火烤……

亂世到底有多亂？

不背書也能懂歷史，笑著學、看著記

笑點、淚點、轉折點，亂世英雄出奇招

一起穿越亂世，看古人如何逆轉命運！

目錄

春秋：爭霸時代，禮崩樂壞

戰國：群雄逐鹿

春秋：爭霸時代，禮崩樂壞

囚徒變相國——管仲

這個人的身分很複雜，先是齊桓公的對手；後來成為囚徒；最後居然變成齊桓公最器重的相國。他是管仲，一位擁有傳奇人生的相國。

一箭之仇

西元前 770 年，周平王遷都雒邑，史稱東周，中國歷史進入春秋戰國時期。春秋時期，各諸侯國都拚命發展自己，兼併[001]他國，以圖稱霸天下。其中，最先稱霸的是齊國，也是姜太公的封地。這裡靠近海邊，資源豐富，加上歷代君主都重視生產，所以經濟實力雄厚。

西元前 686 年，齊國發生一件大事，國君齊襄公被殺了，他留下的王位變成一塊「肥肉」。想吃這塊「肥肉」的有兩個人，

[001] 兼併：把別的國家領土併入自己的國家或把別人的產業並為己有。

一位是公子糾，當時在魯國；另一位是公子小白，當時在莒[002]國。他們都是齊襄公的兄弟，這兩人分別有一位師傅，公子糾的師傅是管仲；公子小白的師傅是鮑叔牙。

得知齊國國君之位空懸，兩人立刻準備動身回國奪位。公子糾所在的魯國國君魯莊公很想在這場王位爭奪戰中分一杯羹[003]，因此對公子糾說：「我願意派大軍護送你回國。」

有魯國大軍護送，公子糾的安全自然是不用擔心的，但是管仲卻在考慮另外一件事。他對公子糾說：「公子小白現在在莒國，那裡離齊國很近，他若是比我們先趕到齊國，我們將失去機會了。請允許我先帶一隊人馬去截住他。」

公子糾同意後，管仲便帶著人出發去攔截公子小白。果然不出管仲所料，公子小白正十萬火急地趕往齊國國都臨淄，管仲立刻帶人攔住他。

和公子糾相比，回國的時候，公子小白身邊只有鮑叔牙，莒國並沒有派人相送，所以管仲帶著人馬出現，公子小白根本沒有還手之力。結果，管仲一箭射來，公子小白大叫一聲，吐出一口鮮血，栽倒在車中。

管仲以為公子小白已死，便回去覆命，然後不慌不忙地陪同公子糾回齊國繼位。可是，當他們到達臨淄時，卻發現小白

---

[002] 莒：ㄐㄩˇ。周朝國名，在今山東莒縣。

[003] 羹：ㄍㄥ。

已搶先一步登上王位，成為齊國國君。原來，管仲那一箭雖然射在公子小白身上，可是卻射在公子小白的衣扣上。而這衣釦是玉做的，便把箭頭擋住，保住小白一命。

眼看著奪位已沒有希望，兩人只好又跟著魯國的大軍回到魯國。

公子小白是歷史上著名的齊桓公，他登位後發兵攻打魯國，並且通知魯莊公一定要殺公子糾，把管仲送回齊國治罪。魯莊公沒有辦法，只好照辦。於是，管仲坐在囚車裡被送回齊國。

管仲改革

管仲到齊國後，齊桓公想殺了他，以報那一箭之仇。

鮑叔牙卻攔住他：「大王，管仲是一個不可多得的人才，請您重用他吧！」

「什麼？他用箭射我，我要不是運氣好就死在他手上，你竟然還讓我重用他？」齊桓公氣得鬍子都要翹起來。

鮑叔牙說：「他射你的時候是公子糾的師傅，那不過是忠心而已。這人有驚世之才，若是您能善用他，一定能讓齊國變得十分強大。」

齊桓公心動了，也覺得管仲對公子糾那麼忠心，若是能為自己所用，那不也能對自己忠心嗎？他聽從鮑叔牙的建議，把管仲從囚車中放出來，還任命他為相，讓他管理朝政。

管仲本以為自己死定了，怎麼曉得竟然會有這樣驚天的逆轉，對齊桓公的博大胸襟也是十分佩服。於是，他實實在在地為齊桓公管理國政。

為使齊國變得富強，他利用齊國的地理優勢，大量生產海鹽和海產，這些都成為齊國的重要物資，讓齊國換回大量的財物。再加上整頓內政，提升耕種技術，齊國的經濟越來越發達，變成一個十分富強的國家。

另外，管仲知道齊桓公一心想要稱霸，但是要達到這個目的，必然會經歷大規模的戰爭，並且需要強大的軍事力量。於是，他將齊國分為二十一個鄉，其中士鄉十五個、工鄉三個、商鄉三個，士鄉平時耕種，戰時成為現成的兵力。這為將來齊桓公諸侯爭霸奠定強大的軍事基礎。

齊桓公看著國家的變化十分高興，想立刻當上諸侯霸主[004]，以號令諸侯，坐擁天下。

管仲勸他，「我們現在還是周天子下面的諸侯之一，就算實力雄厚，若師出無名，是無法讓其他諸侯信服的。若您真的想當霸主，還得把周天子捧在前面，用他的名義去號令諸侯。」

「怎麼捧在前面？」

[004]　霸主：春秋時代勢力最大並取得首領地位的諸侯。

「新天子不是剛登基嗎？其他諸侯都忙著爭搶地盤，怎麼有人會管他呢？您先前去朝賀新天子，讓他高興一下，然後請他下令，讓您到宋國宣布新國君的任命。而宋國現在可亂著，正是您表現大國風範的好機會。」

齊桓公按照管仲的建議去見周天子，周天子很感動，便讓齊桓公代他管制宋國。齊桓公利用這個命令召集其他諸侯一起來開會，建立聯盟，然後順利地當上盟主。

因此，齊國在爭霸之途上邁出關鍵的第一步。

相關連結：管鮑之交

管仲從一個坐在囚車裡的囚犯，搖身一變成為齊國的相國，其中鮑叔牙對齊桓公的大力推薦是最重要的因素。可是，你也許不知道，在這之前，管仲和鮑叔牙已經是非常要好的朋友。

他們兩人曾經合夥做過生意，分利的時候，管仲總要多拿一些。別人都為鮑叔牙打抱不平，鮑叔牙卻說：「管仲不是貪財，而是他家裡窮呀。」管仲幾次幫鮑叔牙辦事都沒辦好，而且他三次做官都被撤職，別人都說管仲沒有才幹。這時，鮑叔牙又出來替管仲說話：「這不是管仲沒有才幹，只是沒有碰上能施展他才能的機會而已。」更有甚者，管仲曾三次被拉去當兵參加戰爭，並且三次都逃跑。人們譏笑地說他貪生怕死。鮑叔牙再次直言：「管仲不是貪生怕死之輩，他家裡有老母親需要奉養！」

後來，在鮑叔牙的推薦下，管仲終於當上齊國的相國，他沒有辜負鮑叔牙的信任，充分發揮自己的才幹，輔佐齊桓公，並使齊國變成一個強大的國家。

聰明的矮子外交家

身高不足 150 公分，卻歷經三朝，輔政長達五十餘年，他是名副其實的三朝元老。他以有政治遠見、外交才能和作風樸素聞名諸侯。他內輔國政，屢諫齊王；對外，他既富有靈活性，又堅持原則性，出使不受辱，捍衛齊國的國格和國威。這個人是晏嬰，史稱晏子。

出使楚國

西元前 531 年，晏子出使楚國，卻遇到一連串的麻煩事。

晏子到達楚國時，已有楚國的官員來接待，態度倒是蠻熱情的。不過，到達城門口時，晏子卻被帶到一個狗洞前，接待官員請晏子從那裡進去。

晏子看了狗洞，再看看接待官員臉上那滿懷深意的笑容，也笑著說，「這是狗洞吧？」

「是的，我們楚王吩咐請您從這裡進去，因為這裡最適合您。」

「我記得我出使的是楚國，不是狗國啊，怎麼楚國讓客人從狗洞進城？」

接待官員面紅耳赤，連忙請晏子從大門走進去。

當到楚王面前時，楚王很輕蔑地說：「你們齊國沒有人嗎？怎麼派你來做使臣？」

晏子一聽，這是嫌棄我？他也不惱，笑著說：「齊國國都臨淄住滿人，人們把袖子舉起來，可以遮住太陽；甩一把汗，像是一陣雨；街上行人肩膀挨著肩膀，腳尖碰著腳跟。怎麼說齊國沒有人呢？」

「那怎麼偏偏派你來我楚國？」

「我們主公派人出使很有講究，精明能幹的人都被派到道德高尚的國家，而我是最愚蠢無能的，所以被派到您這裡。」

楚王當場啞口無言，人家這是赤裸裸地罵自己道德不高尚啊！於是，楚王不再繼續這個話題，宣布開始招待晏子的宴會。

宴會到一半的時候，兩個衛兵綁著一個人進來，楚王很不高興，「我這裡正在招待貴賓，你們這是做什麼？」

「稟告主公，這個人偷竊財物。」

「哪裡的人啊？」

「齊國人。」

晏子冷眼看著楚王和衛兵，他自然知道這是楚王安排的戲碼，不過是想藉此諷刺齊國罷了。

果然，楚王裝作很意外地對晏子說：「晏大夫，齊國人都很擅長偷東西嗎？」

晏子離開座位，高聲回答：「大王，我聽說淮南的柑橘又大又甜，但是種到淮北變成又小又苦的枳[005]，這是因為水土[006]的問題。我想這個人也是一樣，在齊國的時候安居樂業，努力勞動，但一到楚國卻犯下偷竊的事情，難道楚國是一個能讓人變得喜歡偷竊的國家嗎？」

楚王自討沒趣，笑著道歉：「我不該和你開這樣的玩笑。」

二桃殺三士

晏子除擅長外交應對之外，也很有政治謀略。

西元前 528 年，齊景公手下有三位為齊國立下汗馬功勞的武將，他們是田開疆、公孫接、古冶子。因為他們自認為功勞很大，都很自傲，在齊景公面前也不講禮儀，在其他人面前更是囂張。

齊景公對此很苦惱，詢問晏子的意見。

「主公，這三人當初的確是為齊國出過力，但是現在他們已經成為國家的禍害，若是不把他們除掉，將來不堪設想。」

齊景公點點頭，「我也這樣覺得，只是應該怎麼做呢？」

晏子想一想，讓齊景公賞賜兩個桃子給他們三人，讓他們根據自己的功勞分吃這桃子。

---

[005]　枳：ㄓˇ。落葉灌木或小喬木，莖上有刺，葉子為三片小葉組成的複葉，小葉倒卵形或橢圓形，花白色，漿果球形，黃綠色，味酸苦。

[006]　水土：泛指自然環境和氣候。

三位武將看著齊景公賞賜的兩個桃子，開始爭論誰有資格吃這桃子。

公孫接首先說：「我曾經徒手搏擊一頭野豬和一隻老虎，我應該吃一個桃子。」於是他拿走一個桃子。

田開疆接著說：「我曾經率領大軍打敗敵人，我也應該吃桃子。」於是他也拿一個桃子。

古冶子感到不高興，「就你們有功勞嗎？你們的功勞都沒有我的高，我可是救過主公性命的人。當年，主公渡河的時候遇到凶猛的大鱉，是我奮勇出手，殺死牠，救了主公。」

田開疆和公孫接頓感羞愧，「是啊，說到勇猛和功勞，的確是你比較大。我們卻拿著桃子不讓你，是貪心。」於是二人把桃子放回去，自殺了。

古冶子見兩人自殺身亡，覺得自己一人獨活是一件很不仁義的事情，不敢死是沒勇氣的表現，於是他也自殺了。

三位武將自殺之後，晏子建議齊景公厚葬他們，算是對他們功勞的肯定。

拒住新宅

晏子是一位很簡樸的人，但是齊景公卻是一位喜歡享受的國君，所以在這個問題上，他們雙方有過多次交鋒。

有一次，齊景公實在是聽煩晏子嘮叨，想著要怎麼教訓一下晏子，讓他不要老是提醒自己別奢侈、別浪費。於是，他趁著晏子出使晉國的時候做一件事。

他吩咐人把晏子原來的房子拆掉，再把他鄰居的房子也拆掉，然後整修成一座又大又漂亮的宅子給晏子，等著他回來住。齊景公心裡很得意，以後晏子自己也住這種豪華氣派的大房子，他應該不好意思再說我鋪張浪費。

晏子從晉國回來後，一看自己家變了樣，齊景公還等著他進宮去謝恩呢。晏子進宮後，對齊景公的好意表示感謝。齊景公見他沒拒絕，特別高興，以為他的計畫成功，以後耳根能清靜些。

誰知道晏子回家後，叫人把新的房子拆除，並再蓋回和以前一模一樣的房子，還把那些房子被拆掉的鄰居，把他們的房子也按原樣修好，並一一請他們回來居住。

齊景公聽說這件事後，心裡很不高興，質問晏子為什麼拒絕他的好意？

晏子說：「那些鄰居都是多年的好鄰居，我也找人占卜過，是最吉利的鄰居。我為什麼要把他們趕走？」

齊景公無語，只好放棄自己的想法，尊重晏子節儉樸素的作風。

相關連結：死馬殺人

有一次，齊景公心愛的馬死了，他很生氣，下令要把養馬的人殺掉。晏子連忙阻攔，「主公，要殺人也得讓人死的明白，我把他的罪狀一一跟他講一遍，讓他心服口服，您看可以嗎？」

「行！那你好好跟他說說，讓他明白自己為什麼會丟了性命。」

晏子走到那個養馬人跟前，很大聲地說：「我告訴你啊，你觸犯三條大罪：第一，你把國君的馬養死，該死；第二，這馬是國君最心愛的馬，所以你該死；第三，你把馬養死了，國君因為一匹死馬殺人，招來百姓的怨恨，諸侯的輕視，所以你該死！你明白嗎？」

養馬人還沒說什麼，齊景公一臉愧疚，「好了，晏大夫，我知道你的意思，饒恕這個人的死罪吧！」

因此，晏子憑著自己的才智救下一條人命，又勸誡國君。

重[007]耳的逃亡

身為一國王子，被迫流亡在外十九年，過著顛沛流離的生活。但是他最終還是回到自己的國家，奪取君主之位，成為一方霸主。這個人是晉文公。

[007] 重：ㄔㄨㄥˊ。

醉遣夫君

晉獻公有四個兒子，但是他最喜歡的是小兒子奚齊，因為這是他最寵愛的妃子驪姬生的孩子。為了讓小兒子奚齊當上太子，他殺死已經被立為太子的申生。他的另外兩個兒子重耳和夷吾深感危險，再留在晉國，說不定也要丟失性命。所以兩人趁著月黑風高的晚上，逃到別的諸侯國避難。

後來，晉獻公死亡，國內發生動亂，原本在外國逃難的夷吾趁機跑回去奪得王位。可惜，夷吾上位對重耳也沒什麼好處，因為重耳對他來說是有威脅性的，於是他想要殺掉重耳。若不是重耳從小就很豪爽，結交很多好朋友，都不知道會死多少次。既然回不去晉國，重耳只好繼續到處流浪。

到齊國的時候，齊桓公對這位落難公子十分客氣，不但送車馬房子，還挑一個女子嫁給他。沒想到避難還能娶到一個老婆，重耳心裡高興極了，覺得這齊國真是樂土，有點不想離開。

但是隨行的人卻不喜歡這種流亡[008]的生活，都想回晉國。有一天，他們躲在一個桑樹林裡商量怎麼回晉國，沒想到恰好被一個採桑葉的女奴聽見，然後告訴重耳的妻子姜氏。

姜氏笑著對重耳說：「我聽說你們打算回晉國，這是大好事啊！」

---

[008]　流亡：因災害或政治原因而被迫離開家鄉或祖國。

重耳連忙擺手，「沒有，沒那種事！」

「您為什麼不願意回晉國呢？」

「這裡多好啊！又安全又舒服，回晉國太危險了！」

姜氏搖搖頭，「您怎麼能這麼想呢？齊國再好，也是別人的地方，終究不是您能長久待的地方啊！您從晉國逃難出來，這些跟隨您的人，哪個不是精明能幹的？他們為什麼願意和您一起過這種顛沛流離的生活？還不是覺得您胸懷大志，跟著您將來能成就一番大事業。如今您卻在齊國貪圖享樂，這些人心裡該有多失望！」

重耳聽完姜氏的話，沉默的想一想。他知道姜氏說得有理，但是十多年的流亡生活實在是讓他心力交瘁[009]，一想到離開齊國要繼續過顛沛流離的日子，心裡是非常的不樂意。

姜氏見他不說話，知道他心裡還在猶豫，當天晚上便和重耳的隨從們商量好，把他灌醉後直接放上馬車，然後帶著他離開齊國。

重耳醒來之後發現自己已經不在齊國，頓時怒火中燒，但是看著這些一直跟隨自己，就算自己落魄至極也沒有放棄的夥伴，這把火馬上就消散了。他揮揮手，指揮大家前進，繼續流亡的生活。

---

[009] 心力交瘁：瘁，ㄘㄨㄟˋ。心力交瘁，精神和體力都極度疲勞。

三舍之約

離開齊國的重耳又到宋國等國家，始終沒找到合適的落腳點，最後，在楚國受到楚成王的禮遇[010]。

楚成王不嫌棄重耳是位流亡公子，用招待諸侯的禮節招待他，這讓重耳感覺十分溫暖，他對楚成王也十分尊敬，兩人還成朋友。

有一次，楚成王設宴款待重耳，酒至半酣[011]的時候，他開玩笑地對重耳說：「公子，我這樣對你，將來你要是回到晉國，該如何報答我呢？」

重耳想一想，「金銀財寶楚國多得很，我能拿什麼東西來報答大王呢？」

「那你的意思是不報答嗎？」

重耳覺得這樣也不太厚道，回答說：「若是託您的福能夠回到晉國，我一定和楚國交好，互不侵擾，讓大家都能過上太平日子。不過，若是將來真要兩國交鋒、戰場相遇，我會無條件退避三舍[012]，以報此恩。」

---

[010]　禮遇：尊敬有禮的待遇。

[011]　酣：ㄏㄢ。

[012]　退避三舍：舍，ㄕㄜˋ。退避三舍，古時候行軍，每三十里叫作一「舍」，「退避三舍」就是自動撤退九十里的意思。

楚成王原本也是開玩笑，聽到重耳把話說到這個地步也就不再追問，兩人繼續舉杯暢飲，談天說地。

旁邊的楚國大將成得臣卻很生氣，宴會結束後，他私下對楚成王說：「這個重耳現在還在我們楚國做客呢，就想著將來和我們打仗，看來是個忘恩負義的傢伙，乾脆殺掉他，免得日後吃虧。」

楚成王搖搖頭，「他現在雖然在流亡，但是從他的話中可以聽出來他是有心奪取晉國君主之位的。這是一個有志向的人，值得交往，以後不要再說殺他的事情。」

從楚國離開後，重耳得到秦國的庇護和支持。西元前636年，秦國護送重耳的大軍渡過黃河，流亡十九年的重耳終於回到晉國即位，他是晉文公。

相關連結：寒食節的來歷

清明節大家都很熟悉，但是清明節的前一二日，在傳統習俗中被稱為寒食節。在這一天，人們不能生火做飯，只能吃冷食。這是怎麼來的呢？其實是和晉國的流亡公子重耳有很大關係。

當重耳還在外面流浪的時候，他身邊有一位很忠心的隨從叫介子推，這個人在重耳的十九年流亡生活中不離不棄，緊緊跟隨。有一次，重耳實在太餓了，又找不到東西吃，介子推把自己腿上的肉割下來煮給重耳吃。

重耳回到晉國即位為晉文公後，想要封賞這些跟隨自己多年的夥伴，介子推不願意，帶著母親躲進綿山。晉文公想很多辦法都沒找到介子推，後來他聽信小人之言，索性放火燒了綿山，想藉此能把介子推逼出來。

誰知道大火燒山後，介子推還是沒有出來，等到火滅後，大家卻在一棵柳樹下發現介子推和母親兩人被燒焦的屍體。晉文公十分傷心，於是下令這一天禁止生火，只能吃冷食，用以紀念介子推。

退避三舍

晉文公即位之前，在外流亡的時候曾經得到楚國的幫助，當時他對楚成王承諾將來若是兩國戰場相遇，他將主動退避三舍以報恩情。楚成王並沒有將此話當真，晉文公卻真的實踐自己的諾言，還藉此機會當上霸主。

勤王圖霸

流亡公子重耳在秦國的幫助下，終於回到晉國奪取王位，即位後成為晉文公。晉文公在外流亡十九年，走過大山大川，也到過很多國家，對社會各階層的老百姓生活十分了解。所以他即位之後，立刻整理內政，努力發展生產，想辦法讓老百姓的生活更加富裕，晉國也漸漸地強盛起來。

晉國的強盛讓晉文公想要當霸主的欲望也越來越強烈，他開始思考到底要如何做才能和齊桓公一樣，做中原的霸主，可以號令諸侯。

當時，周天子襄王在位，他有個異母兄弟叫太叔帶，他聯合一些對周襄王不忠的大臣，得到狄國借兵相助後奪取王位。周襄王因而狼狽不堪，只能帶著幾十個隨從逃到鄭國。這時他想到各諸侯國，於是頒下天子令，命令各國諸侯護送他回雒邑去。

各國諸侯心裡都明白，哪是送他回去啊，這是要出兵幫他奪回王位！要動兵自然要用到錢糧，這錢糧花出去後，將來能不能補回來還真的說不準呢！更何況，這周襄王也不是什麼明君。於是，大家都裝聾作啞，有的派人去慰問，有的送食物過去，可就是沒有人願意發兵打狄人。

周襄王十分失望，這時候旁邊有人獻策：「這些小諸侯國一方面是因為兵力不足以抗衡狄國精兵，另一方面是國力不夠強大，怕幫您奪王位勞民傷財失自家的根本。現在諸侯當中，只有秦、晉兩國有力量打退狄人，找別人恐怕不中用。」

周襄王點點頭，讓人去請晉文公護送他回朝奪位。晉文公一見是周襄王的使者，立刻滿口答應。他心裡清楚，晉國雖然強大，但是沒有做出什麼讓諸侯國心服口服的事情，若是這次幫助周天子復位成功，那在諸侯國心中的地位就會不一樣，也算為霸主之路打下基礎。

於是，他馬上發兵，把狄人打敗，又殺掉太叔帶一幫人，護送天子回到京城。

戰場踐諾

晉文公派兵幫助周襄王回朝復位的事情傳開之後，各諸侯國都對晉國的實力刮目相看。過了兩年，宋襄公的兒子宋成公跑來求救。他說，楚國的大將成得臣率領楚、陳、蔡、鄭、許五國的兵馬攻打宋國，宋國原本國力就不強，哪裡經得起這幾個國家一起攻打？宋國危在旦夕，急需要晉國這樣有能力又仗義的大國來主持公道。

晉文公一聽，這是讓他去主持公道，往霸主的路上走嗎？心裡十分高興，而且他也很清楚，想當上中原霸主，就得打敗楚國。他擴充隊伍，建立三個軍，浩浩蕩蕩去救宋國。西元前632年，晉軍打下歸附楚國的兩個小國 —— 曹國和衛國，並俘虜兩國的國君。

楚成王一聽晉文公出兵，於是命令成得臣退兵。成得臣想不通，自己千里迢迢地把大軍帶過來，還把陳、蔡、鄭、許四國結盟到一起，眼看著馬上要拿下宋國，為什麼要退兵？難道我楚國還怕他小小的晉文公不成嗎？於是他戰場抗命，自己不回去見楚成王，只派一位部將回去對楚成王說：「我雖然不敢說一定打勝仗，但是和晉文公拚個死活還是沒在怕的。」

楚成王見他竟敢違抗自己的命令，心裡自然不高興，也不支持他，只派少量的兵力前去支援。成得臣卻不管這些，他心裡非常看不起晉文公，只派人通知晉軍，要他們釋放衛、曹兩國國君。

晉文公卻暗地通知這兩國國君，答應恢復他們的君位，但是要他們先跟楚國斷交。曹、衛兩國真的按晉文公的提議和楚國斷交。這下把成得臣氣得半死，他嚷嚷：「這個重耳老賊實在太老奸巨猾，只會背後使陰招。」他便立即下令，催動全軍趕到晉軍駐紮地去。

晉文公很了解成得臣衝動的性格，他等到成得臣帶兵過來，立刻命令軍隊往後撤退九十里。下面的將士都不理解，「我們來是和楚國人拚命的，為什麼他們一來我們卻要退？」

狐偃[013]解釋：「這是因為主公當年接受楚王的幫助，答應他將來戰場相遇，要主動退避三舍以報恩情，我們主公這是在報恩呢！」

大家一聽，覺得晉文公真是一諾千金[014]的人，心裡對他更是敬服，即刻聽從他的命令向後撤退九十里。

成得臣見自己一來，晉軍就撤退，還以為晉文公是害怕自己，心裡得意得很，立刻指揮兵馬衝上去。晉軍避其鋒芒，假裝敗退，等到成得臣追入埋伏圈套，立刻轉頭拚殺，楚軍防不勝防，被殺得七零八落。

晉文公連忙下令，吩咐將士們只要把楚軍趕跑就好，不要

---

[013] 狐偃：偃，ㄧㄢˇ。狐偃，姬姓，狐氏，字子犯。晉文公的舅舅，幫助晉文公成為霸主，是晉文公的首席謀士。

[014] 一諾千金：形容說話算數，所許諾言信實可靠。

追殺。成得臣帶著敗兵殘將回國的半路上，覺得自己沒法向楚成王交代而自殺了。

晉國打敗楚國的消息傳到周都雒邑，周襄王和大臣們都認為晉文公立下大功，便親自來慰問晉軍。晉文公藉此機會召開諸侯大會，訂立盟約，穩做中原的霸主。

相關連結：文公追麋鹿

晉文公被司馬遷評價為「善交賢能智士」，這說明他是一位十分重視賢能的君王。這也是他能夠成為中原霸主的原因之一。

有一天，他外出打獵，在追一頭麋鹿的時候跟丟了。正好路邊有一位老農夫，他問老者：「請問您看到一只麋鹿跑過去嗎？」這老者用腳指路，「往那邊去了。」晉文公一看這老頭子怎麼對自己不恭敬啊，我好好問你，你卻用腳指路，心裡有些不高興。

老者說：「想不到我們的君王竟然如此愚笨！虎豹因為離開偏遠之地靠近人類，所以才被人獵到；魚鱉因為離開深水，才被人捉住；諸侯離開他的民眾而外出遠遊，才會亡國。您都跑到這麼遠的地方，再不回去，您的王位不保啦！」

晉文公一聽，這老頭是在暗示自己不能貪圖遊樂，應該回去做好國君，這是一位賢人啊！於是他把這位老者請回去，讓他好好輔佐自己成為更好的君主。

大戰崤[015]山

秦國和晉國國土相鄰，秦國想越過晉國向東征戰，實現霸主目標，晉國自然不會允許。於是，兩國在崤山發生一場大戰。崤山大戰使秦國東進之路被截斷，從這以後，秦國開始往西擴充，不斷攻占西邊小國，最終在西部稱霸。

千里襲鄭

西元前 629 年，秦國和晉國聯合起來攻打鄭國，鄭國眼看要被消滅。幸好鄭國有一個名叫燭之武的大臣，他很清楚，面對秦國和晉國這兩個大國，鄭國沒有絲毫勝算。但是秦晉兩國之間有著利益衝突，這也給了鄭國存活的機會。他找到秦穆公說：「秦國和晉國相比，晉國離鄭國更近，鄭國如果被消滅，就算被分成兩半，秦國要跨過晉國來管理一半也是麻煩事。不如您和鄭國結盟，將來要是有需求，鄭國也可以助您一臂之力啊！」這個需求，當然指的是攻打晉國。

秦穆公覺得他說得有理，因此放棄攻打鄭國，命秦國大將杞子、逢孫、楊孫等戍[016]守鄭國。晉國見此只好放棄攻打鄭國的計畫。

---

[015] 崤：ㄧㄠˊ。

[016] 戍：ㄕㄨˋ。

西元前 627 年，晉文公去世，晉襄公即位。秦國大將杞子被鄭國安排去守北門，他悄悄地派人告訴秦穆公，讓秦穆公趁機來攻打鄭國，他負責開城門。

秦穆公得到消息後很心動，所以召見大臣蹇[017]叔，詢問他的意見。蹇叔說：「從來沒有聽過長途行軍去攻打一個千里之外的國家，等我們到達鄭國，軍隊早已疲憊不堪，而鄭國卻以逸待勞[018]，我們怎麼可能打勝仗呢？大王千萬不要同意出兵。」

秦穆公卻不聽他的，命令孟明視、西乞術、白乙丙帶軍遠征。蹇叔送大軍出發的時候說：「晉軍一定會埋伏在崤山。崤山有兩座陵，南陵是夏王的陵墓所在，北陵是周文王避雨的地方，秦軍一定會葬身在這裡啊！」

蹇叔再多的哭訴也攔不住秦軍的腳步，秦軍在三位元帥的率領下出發。他們走到滑國的時候，遇到一位商人，這個人是鄭國人，名叫弦高。

弦高打聽到秦軍竟然是去攻打鄭國的，連忙派人快馬回國報信，自己則冒充鄭國的使者攔下秦軍。他獻上四張熟牛皮和十二頭牛犒勞[019]秦軍，還說這是鄭國國君的安排，知道秦軍遠道而來，非常辛苦，特地獻上食物犒勞他們。

---

[017] 蹇：ㄐㄧㄢˇ。

[018] 以逸待勞：作戰的時候採取守勢，養精蓄銳，等待來攻的敵人疲勞後再出擊。

[019] 犒勞：犒，ㄎㄠˋ。犒勞，用酒食等慰勞。

秦軍一聽，這話不對呀，我們還沒到鄭國，怎麼人家已派使者過來慰問？看樣子鄭國早有防備，我們再去不是送死嗎？幾位元帥湊在一起商量一下，決定掉轉馬頭回秦國去。當然，大軍跑這麼遠，空手而歸也不好意思，於是他們順路把滑國也消滅，然後繼續往回走。

崤山大敗

秦軍千里襲鄭，卻掃興而歸。這時候晉國正在大喪之中，晉國君臣對於是否討伐秦軍意見不一。原軫[020]認為應該出兵，欒枝卻覺得不應該，因為當年秦國對晉文公有恩。晉襄公最後聽從原軫的意見，出兵討伐秦軍。

秦軍並不知道晉國的想法，他們千里迢迢去攻打鄭國，沒想到都還沒走到鄭國呢，就要往回走，千里奔襲無功而返，讓秦軍的士氣一落千丈。當他們走到崤山的時候，突然聽到山嶺上傳來驚天動地的喊殺聲，原來是早已埋伏在這裡的晉軍。

晉軍此次出兵，由新上位的晉襄公親自率領，士氣高昂，再加上以逸待勞，很快把驚慌失措的秦軍打得落花流水。孟明視等三位元帥被生擒，其他將士均被斬殺。一時間，崤山之上血流漂杵[021]，十分慘烈。

幸好晉襄公的嫡母是秦國人，她不希望秦國和晉國因此結仇，要求晉襄公把三位元帥放回秦國去。晉襄公再三思量後，便把人放走。

---

[020] 軫：ㄓㄣˇ。

[021] 血流漂杵：杵是指古代戰車上所用的一種長杆兵器。血流成河，長杆兵器都漂了起來。形容戰死的人很多。

孟明視等三人回到秦國，秦穆公聽聞全軍覆沒，於是身穿素服，親自到城外去迎接他們。

孟明視三人見秦穆公親自迎接，深感慚愧地跪在地上請罪。秦穆公說：「這是我的不是，不聽勸告，害你們打敗仗，怎麼能怪你們呢？再說，我也不能因為你們的一點過失，而抹殺你們的功勞。」

三個人感激涕零，之後，他們認真操練兵馬，一心一意要為秦國報仇。

終於，在西元前624年，孟明視以破釜沉舟之決心，再次攻打晉國。這次秦軍士氣高昂，準備充分，很快攻下晉國的幾座大城。晉襄公見秦軍來勢洶洶，命令晉軍避其鋒芒，不與他們交戰。

秦軍見晉軍認輸，總算是報了崤山一戰的大仇，於是到崤山把三年前陣亡在此的將士們重新埋葬，祭奠一番後才班師回朝。

相關連結：「秦晉之好」的來歷

我們常用永結「秦晉之好」來比喻聯姻，其實「秦晉之好」是指秦國和晉國之間的關係。

當時，秦國和晉國是兩個相鄰的大國。秦國地處今甘肅東部和陝西中部地區，在戎狄中發展壯大。而晉國是中原的強國，秦穆公為實現霸業，主動與晉國結好。晉獻公於西元前654年將其女兒伯姬嫁給秦穆公。這就是歷史上「秦晉之好」的開端。

雖然後來兩國的關係幾度破裂，但是最終都靠政治聯姻重修舊好。「秦晉之好」後世也引申為兩家聯姻。

一鳴驚人

商朝有個三年不言國事的國君武丁，春秋時期楚國也有一個三年不做正事的君王，而這個人做了三年昏君，之後便一改風格，勵精圖治，南征北戰，為楚國擴展版圖，自己也成為春秋五霸之一。

三年不鳴

西元前613年，楚成王的孫子楚莊王即位稱王。本以為新君上臺，肯定會「燒上三把火」，使朝廷內外面貌一新，誰知道這位楚莊王根本沒有指點江山的欲望。

他即位之後，不問國政，成日享樂，在宮中暢飲美酒，縱情歌舞；又或是帶著大隊人馬四處遊獵，總之是盡情玩樂。大臣們向他彙報國情，他也只是說一句話，「你們看著辦吧！」

但是，楚國並非鐵桶江山，內憂外患持續不斷。對外而言，晉國趁著楚莊王新登王位，內政還沒有理順，把幾個一向歸順楚國的小國拉攏過來訂立盟約，讓楚國少了幾個幫手。朝廷內部的公子燮[022]和鬬克聯合作亂，甚至還把楚莊王當成人質抓了起來，準備另立新主。若不是二人被廬大夫戢[023]梁誘殺，才剛即位的新君 —— 楚莊王恐怕就要為國犧牲。

楚莊王如此不負責任的態度持續三年之久，這三年對於楚國上下來說簡直是暗無天日，關鍵是楚莊王固執己見，不聽別人的諫言。他甚至下一個命令，「誰敢跑到我這裡勸諫，我就定他的死罪！」

後來，有位叫伍舉的大臣，來見楚莊王。楚莊王正玩得開心呢，很不耐煩地問：「你來做什麼？」

「大王，我有一個謎語要請您猜一猜，不知道您可有興趣？」

楚莊王見不是來勸諫自己，而是來猜謎語玩的，笑著說：「你說來讓我猜猜！」

「楚國山上，有一只大鳥，身披五彩十分神氣。可是很奇怪，牠在山上一停就是三年，既不鳴叫也不高飛，您說這是什麼鳥？」

---

[022] 燮：ㄒㄧㄝˋ。
[023] 戢：ㄐㄧˊ。

楚莊王可不傻，心想這傢伙拐彎抹角地說我呢，回答說：「這可不是普通的鳥，這種鳥，不飛則已，一飛沖天；不鳴則已，一鳴驚人。」

伍舉很高興，楚莊王這話證明他不是真正的昏君，只要他想做好國君，一定能成一位好國君。

一鳴驚人

之後事情的發展果然如伍舉所料，楚莊王一改往日作風，每日用心處理朝政，遠離聲色犬馬[024]。這三年沉迷玩樂，讓楚莊王看清處朝廷裡哪些是忠臣，哪些是佞臣。所以，他決心改革政治，把一群慣於奉承拍馬的人撤職，又把勇於進諫的伍舉、蘇從等人提拔起來，幫助他處理國家大事。同時，他安排工匠大量製造武器，操練兵馬，為爭霸偉業打好基礎。

楚莊王改過之後的第一件事是攻擊反叛的庸國，他御駕親征，親臨戰場指揮戰鬥，經過一番苦戰終於取得第一場勝利。之後，攻宋國，敗戎族，一直打到周都雒邑附近。

楚莊王帶著兵馬來到雒邑，驚動周天子，他派王孫滿去慰勞楚軍。王孫滿雖然是代表周天子來的，但是對楚莊王還是很客氣。

楚莊王假裝無意地問：「聽說周王宮裡藏著當年大禹鑄造的九個鼎，不知道這九個鼎有多大多重啊？」

王孫滿一聽這話不對呀，九鼎是象徵周王室權威的禮器，楚國不過是一個諸侯國而已，哪有資格詢問這個？看樣子楚莊

[024] 聲色犬馬：指縱情淫樂的生活。

王有奪權於周天子的野心啊！

可是現在周天子勢弱，王孫滿也不敢質問楚莊王，拐彎抹角地說：「國家的強盛，靠的是德行，而不是鼎。楚王又何必打聽這個呢？」

王孫滿這話說得很有意思，可以理解為他在勸楚莊王不要與周天子為敵，因為周王室還沒有失德於天下，氣數[025]未盡；也可以理解為告誡楚莊王，若是有興趣奪取王權要先修練自己的德行，不然就算拿到那九個鼎也是沒用的。

楚莊王自然聽出這話的意思，隨口說了一句話，算是幫自己找臺階下：「我楚國的釣魚鉤聚在一起也能鑄出一個比九鼎更大的鼎來！」

其實他很明白以楚國目前的實力還不足以代周王室治理天下，不過這件事倒是留下一個成語 ——「問鼎中原」。

楚晉大戰

從中原回來之後，楚莊王請一位楚國有名的隱士孫叔敖當令尹（楚國的相國）。在孫叔敖的帶領下，楚國人開墾荒地、挖掘河道、獎勵生產。沒幾年工夫，楚國更加強大起來，先後平定鄭國和陳國的兩次內亂，最後終於和中原霸主晉國起衝突。

---

[025]　氣數：指人生存或事物存在的期限；命運（用於大事情，含有迷信色彩）。

西元前597年，楚莊王率領大軍攻打鄭國，晉國派兵救鄭。

兩軍在邲[026]地相遇，爆發一場大戰。晉國內部存在分歧，指揮無力，又擔心秦國趁自己和楚國大戰時從背後偷襲，打起仗來便綁手綁腳。

楚軍看準時機，快速出擊，晉軍大敗，兵馬死了一半，另一半想坐船渡過黃河逃命。可惜船少人多，很多人都被擠到水裡去了。水裡的人想活命，使勁抓著船舷往上爬，而船上的人怕船翻，揮刀把這些人的手指都砍下來，現場鬼哭狼嚎，十分悽慘。

楚莊王沒有乘勝追擊，下令退兵，讓晉國的殘兵自行逃回。楚國透過這場戰鬥一洗城濮[027]之戰中敗給晉國的恥辱，在中原爭霸中暫時處於上風。楚莊王成為春秋五霸之一。

相關連結：絕纓之宴

有一次，楚莊王大宴群臣，大家一直喝到晚上都未能盡興。楚莊王見大家興致很高，命人點亮蠟燭，還讓平日裡最寵愛的美人向文臣武將敬酒。

突然一陣風吹過，蠟燭熄滅了，席間一位官員拉了一下美人的手。美人立刻跑回楚莊王身邊哭訴：「大王，有人非禮

[026] 邲：ㄅㄧˋ。
[027] 濮：ㄆㄨˊ。

我！我扯下他的帽纓，請您命人立刻點上蠟燭，把那個人找出來！」

楚莊王沉吟了一下，說：「各位，今天寡人設宴，就是要和你們玩得盡興。現在請大家把帽纓都摘下來，讓我們開懷暢飲吧！」

等到大家把帽纓拿下來後，他才讓人點上蠟燭，那個被扯帽纓的人自然也就找不著了。

七年後，楚莊王攻打鄭國，發現一名戰將特別勇猛，所到之處都拚力死戰。等論功行賞的時候，他才知道這人就是當年非禮他寵妾的人。但因為楚莊王寬宏大量，饒恕他的罪過，所以他才這樣拚死為楚莊王戰鬥。

這是歷史上有名的「絕纓之宴」。

聖人老子

他是古代偉大的哲學家和思想家，也是道家學派的創始人，被稱為世界文化名人。他主張無為而治，他的學說對中國哲學發展具有深刻影響。他就是老子。

先生辭行

老子，姓李名耳，字聃[028]，楚國人，生卒年不詳。他被稱為道家始祖，他的道家思想對中國歷史影響十分深遠。

老子小的時候十分聰明，又很好學。家裡想讓他能夠受到更好的教育，專門為他請一位老師，名叫商容。商容是一位精通殷商禮樂的人，也對天文地理很有研究，商容的到來讓老子開心極了，因為他滿腦子的疑問終於能有人可以解答。商容也對這個興趣廣泛、好學愛問的學生十分喜愛。

有一天，老子問商容：「天是什麼東西？」

「天，就是我們頭頂上那清清的東西。」

「那清清的東西是什麼？」

「是太空。」

「太空之上又是什麼東西？」

「太空之上是比清清還清的東西。」

「在那之上又是什麼？」

「是更清的東西。」

「那到清清的東西最深處是什麼？」

[028] 聃：ㄉㄢ。

商容說：「已故的有才德的人沒有傳授下來，古書上也沒有記載，我不敢隨便回答。」

老子的問題沒有得到解答，心裡一直想著，晚上回來問他的母親，母親答不出來；又問家裡的侍從，也答不出來。於是他仰著頭觀察日月星辰，思考著天空之上是什麼東西，整晚都沒有睡著。

老子就是一個喜歡思考的孩子，他對問題總是喜歡打破砂鍋問到底[029]，如果問不到答案，會自己絞盡腦汁地去思考，找到答案。勇於提問、善於思考正是他成為思想家的一個重要因素。

三年後，商容老師向老子的母親辭行。

老子的母親很驚訝，「請問先生，可是聃兒對您不恭敬？」

「沒有，聃兒很敬重我。」

「那可是對酬勞不滿意？」

「不是的，夫人。因為我學識淺薄，聃兒思維敏捷，這三年來，已經將我的畢生所學全部傳授給聃兒。我今天來辭行，也是想建議您送他到周都去讀書，那裡的典籍不計其數，賢人也很多，聃兒要求學、要請教都容易。這裡畢竟是個小地方，把聃兒留在這，恐耽誤他的學習啊！」

老孔對話

所以，雖然老子當年才十三歲，但是為了讓他能夠得到更好的教育，老夫人把他送到了周都。

---

[029]　打破砂鍋問到底：指對事情的原委追問到底。

周都的確是讀書人的聖地，這裡有豐富的書籍，集中各個領域的能人賢士。老子在這裡學習天文、地理、人倫[030]，對文物、典章、史書也都熟讀於心，三年後大有長進。

他的老師把他推薦到守藏室去工作，這守藏室是收藏周朝典籍的地方，類似於後世的圖書館。老子進圖書館擔任管理員，可算是找到一份好工作。這裡收集全天下的文章，藏著天下的書籍，要什麼有什麼。老子在裡面如獲至寶，大量地閱讀這些典籍，透過大量的閱讀和思考，他對禮樂道德的理解又更上一層樓。三年後，他精通周禮已聲名遠播。

孔子聽說了，特地到周都請教老子。老子很熱情地接待他，對孔子的問題都一一做解答，並帶著他去參觀祭神的典禮、廟會的禮儀。幾天下來，孔子覺得自己學到很多東西。

孔子向老子辭行，老子把他送到了黃河邊上。

孔子看著奔流而去的黃河，大聲感嘆：「時間像這黃河水，不分晝夜地奔流而去！我的年華不斷地流逝，但是卻還沒有找到最終的歸宿[031]啊！」他這是感嘆自己的才能一直都沒有得到重用。

老子卻笑著說：「你為什麼不學習一下這水的德行呢？」

「水有什麼德行啊？」

---

[030] 人倫：封建禮教所規定的人與人之間的關係，特指尊卑長幼之間的關係，如君臣、父子、夫婦、兄弟、朋友的關係。

[031] 歸宿：人或事物最終的著落。

「水是最完美的東西：它澤被萬物卻不爭名利，它願意留在大家都厭惡的低窪之處，這說明它很謙虛；這種謙虛讓它能夠澆灌農田，成為百穀之王。它也是最柔弱的，但是他的柔弱卻不是剛強可以打敗的，這是一種柔德。」

孔子點頭：「我明白了，大家都往上走，水卻往下流；大家都喜歡待在安全的地方，水卻勇於去危險的地方；大家都喜歡乾淨的地方，水卻也不嫌棄那些髒汙的地方。敢去所有人都厭惡的地方，自然也沒人會和他爭了。」

「是的，你要記住，與世無爭，別人就沒什麼可與你爭了。」

寫書出關

春秋時期，諸侯國越來越強，周王朝越來越弱。老子覺得周王朝不再是一個適合停留的地方，決定出外闖蕩，他想經過函谷關往西域去。

當通過函谷關時，他卻被守關的長官尹喜攔下來了。要說每天過關的人那麼多，為什麼單單把老子攔下來了呢？

傳說，尹喜是一位能人，老子還沒走到函谷關，尹喜看到一團紫氣從東邊過來，知道有聖人要來了。等到老子到來，他便把老子攔下來。史實當然不會是這樣，我們推測這尹喜應該是聽說過老子的名聲，所以在盤查的時候發現老子的身分，這才把他攔下來的。

他對老子提了一個要求，老子想出關也可以，必須寫出點東西，留下他的智慧，才能出關。老子沒辦法，只好把他思考的東西寫下來，共有五千多個字，取名為《道德經》。上篇叫《德經》，下篇叫《道經》，又分成八十一章。於是，一部五千字的驚天動地偉大著作因此誕生！

相關連結：萬經之王——《道德經》

《道德經》是老子的哲學作品，是中國歷史上最偉大的名著之一。《道德經》，又稱《道德真經》、《老子》、《五千言》、《老子五千文》，分上下兩篇。上篇《德經》、下篇《道經》，分為八十一章。這是古代先秦諸子分家前的一部著作，為其時諸子所景仰。

對於今天的人們來說，《道德經》中所說的修身、治國、用兵、養生之道，對傳統哲學、科學、政治、宗教等都產生深刻影響，所以被譽為萬經之王。據聯合國教科文組織統計，《道德經》是除《聖經》以外被譯成外國文字流通量最多的文化名著。

十三歲的聰明君王

他十三歲就當上國君，本該是順利穩定的人生，卻因為有極度偏心的母親和狼子野心的弟弟，導致國內始終不安。幸好早慧的他，小小年紀就能對這混亂的局面應付自如，最終掃平內亂，站穩腳步。

偏心母親

鄭莊公的名字叫寤[032]生，是鄭國第三任國君，鄭武公和武姜的大兒子。據說，武姜生他的時候正在做夢，夢醒後才發現兒子已經生出來了。夢中生子，在武姜的老家說法裡是不吉利的事情，所以寤生從出生就不得母親的歡心。

寤生從出生就被武姜丟給下人照顧，自己從來不與兒子親近，因為她一看到這個兒子，心裡很不舒服。寤生有娘等於沒娘，不過，幸好他父親鄭武公很喜歡他，每次從周天子那裡回到鄭國，都會跟他講一些為人處世、治國治民的道理。寤生是個聰明孩子，從小對鄭武公講的這些道理都透徹了解。

後來，武姜又生了一個兒子，取名叫段，又稱為叔段。叔段出生後，武姜終於表現出一個正常母親應該有的樣子。每天陪著叔段玩耍、哄叔段睡覺，讓在旁邊看著的寤生忍不住猜想，眼前這個溫柔的女人真的是自己的親生母親嗎？

雖然沒有母愛，但是寤生還是慢慢長大了。鄭武公病死的時候，武姜建議把君位傳給叔段。可是鄭武公不同意，堅持

[032] 寤：ㄨˋ。

讓大兒子寤生繼承王位，也就是鄭莊公。這一年，鄭莊公只有十三歲。

分封叔段

鄭莊公即位國君後，要劃分給弟弟叔段封邑[033]。這個時候，武姜出來說話了，既然叔段當國君是沒希望了，她必須抓住這個機會，為自己最喜歡的兒子爭取最大的利益。

武姜找到鄭莊公，「我要你把制邑分給你的弟弟做封地。」

鄭莊公搖搖頭，「那不行。制邑地勢險要，是軍事重地，關係到國家安危，我不能把這麼重要的地方分封給弟弟。」

「那京城可以吧！那裡不是軍事重地！」

武姜的胃口可真不小，這京城乃是鄭國的大城市，城牆堅厚、人口眾多、物產豐富、經濟十分發達。這地方對於鄭國來說可是一個十分重要的納稅、納糧大城啊！

鄭莊公又想拒絕，但是看著武姜蠻橫的樣子，想著畢竟是自己的母親，拒絕了第一次也不好拒絕第二次，只好點頭答應了。

武姜滿意的走了，但是下面的大臣卻認為不妥。

「大王，您怎麼能把京城分給叔段呢？那地方比我們的都城還大，這不符合規矩啊！」

---

[033] 封邑：奴隸社會或封建社會君主分封給諸侯或諸侯再向下分封的土地。

鄭莊公很無奈地說：「這是母親要求的，我也沒辦法！」

「小心京城將來成為國家的禍端啊！」

鄭莊公沉穩地看著前方，「多行不義必自斃[034]，不要著急，等等看吧！」

如果這段對話發生在兩個成年人之間，那不算稀奇，關鍵是說這話的人只有十三歲。一位十三歲的孩子，說出一句流傳千古的名言——多行不義必自斃。我們不由地推想，鄭莊公的早慧和他從小承受來自母親的偏心是分不開的。

叔段造反

叔段到封地京城的時候只有十歲，武姜恨不得跟過去，但是祖制不允許。她日日思念自己的兒子，經常派人前去打聽叔段的情況。到後來，她有了一個想法：為什麼不讓叔段取代寤生當國君呢？那我就可以天天看見他。

於是，她開始計劃叔段造反。叔段本來只是個十歲的孩子，心智未全，在母親日復一日的引導下，因此產生造反之心。

叔段成年之後，開始不斷地試探鄭莊公的態度。他先是命令鄭國西部和北部的邊境地區，在聽從都城命令的同時也要聽從自己的命令。這件事發生後，鄭莊公既沒有訓斥他也沒有採取任何阻止措施，於是他的野心更大了，直接把這兩個地方變成了自己的封邑。這自行劃分地盤的行為等同造反，但是鄭莊公還是沒有動靜。

---

[034] 多行不義必自斃：不義的事情做多了，必然會自取滅亡。

武姜一直在背後支持叔段的行為，叔段認為鄭莊公是因為懼怕母親才不敢和自己動手，便開始籌備造反。他下令整修城郭，儲備糧草，補充武器裝備，充實步兵、車兵，準備襲擊鄭國都城，又寫信給武姜，讓她作為內應，按照約定的時間打開城門。

可惜，叔段實在是太瞧不起自己的哥哥。鄭莊公十分了解自己的母親和弟弟，對他們的野心早已察覺，叔段擴張勢力的行為，他都看在眼裡，但是他始終忍著沒有動手，只等著叔段真正出手的那一刻。

叔段果然出手了，他帶領著一萬多人從京城出發前往都城，準備拿下鄭莊公，讓自己當上國君。他剛出城門沒多久，聽見士兵稟告：京城已被鄭莊公的人占領，叔段這才明白自己中了鄭莊公的計。兩軍在鄢[035]地大戰，叔段戰敗。

叔段逃到共城後，在這裡自殺身亡，所以後世又稱其為共叔段。

相關連結：黃泉相見

叔段叛國，戰敗自殺。鄭莊公對母親武姜的行為十分憤怒，對她說：「不到黃泉不相見！」這句話的意思是母子只有到死的那一天才能再相見。從這句話可以看出武姜極度偏心的做

[035] 鄢：ㄧㄢ。中國周代諸侯國名，在今河南省鄢陵縣一帶；該字也是姓。

法讓鄭莊公有多傷心。

經過一年多，鄭莊公開始思念自己的母親了。但是，他親口說出了那句絕情的話，實在不好意思食言。這一日，大夫潁[036]考叔向莊公獻禮，莊公賜給他食物。考叔說：「我有老母，請您把食物賜給我的母親吧。」

鄭莊公對他敬愛母親的行為十分讚賞，又很羨慕地說：「你可以把食物奉給你的母親，我卻因為誓言不能和自己的母親相見。」

「這有什麼難的？您讓人挖一條地道，一直挖到泉水湧出，你們母子在地道的泉水邊相見，就不違背誓言了。」

鄭莊公恍然大悟，依照潁考叔的方法見到母親，而武姜經過這段時間的冷靜，也覺得自己虧待了大兒子，能再見到鄭莊公，母子的關係終於大為改善。

鞭屍復仇者伍子胥

有人說，他是一代賢相，因為他的幫助，吳王闔閭獲得王位，角逐霸主之位；也有人說他刻薄陰狠，為了報仇，竟然把仇人的屍體從墳墓裡挖出來鞭屍，其行為實在令人髮指。這個人是伍子胥[037]，一個永載史冊的復仇者。

---

[036] 潁：ㄧㄥˇ。

[037] 胥：ㄒㄩ。

父兄慘死

西元前546年，由於長年的爭霸奪權鬥爭，各大國小國都疲憊不堪，老百姓們也頗多怨言，都希望這無休止的爭奪霸權停止下來。所以，晉、楚、齊、秦等十四國在宋國的西門外召開一場會議，這場會議的主題是停止戰爭。

這時候，晉楚兩國是最大的霸主，他們分別權霸南北。於是，晉國的大夫和楚國的大夫分別代表南北兩個地區和談並訂下盟約。在之後的五十多年裡，晉楚兩國平分霸權，再也沒有發生大的戰爭。

西元前528年，楚國平王即位，他封伍奢為太傅[038]，費無極為少傅[039]。當時的太子建很尊重伍奢，但是很討厭他父王的寵臣費無極。費無極對此暗恨在心，總想找機會陷害太子建。

楚平王上位第二年，太子建正好滿十五歲，費無極建議楚平王為他成家。楚平王便幫太子建禮聘秦女孟嬴[040]為妻，費無極代表太子去秦國迎親。費無極到秦國看到孟嬴長得很漂亮，他知道楚平王十分愛好女色，因此想到一個壞點子，讓楚平王娶了孟嬴，媳婦變老婆讓楚平王很高興，但太子建心裡卻是十

[038] 太傅：中國古代職官，為國王的輔佐大臣與皇帝老師，國王年幼或缺位時他們可以代為管理國家。

[039] 少傅：少傅是「三公九卿」中「九卿」之一，後只作為皇帝對有功之臣的表彰，是虛職。

[040] 嬴：ㄧㄥˊ。

分不滿，不過他也沒有表現出來，對費無極更加厭惡。

費無極當然知道太子不喜歡自己，若將來太子即位當大王，哪還有他的立足之地？於是他想方設法要殺掉太子建。西元前 523 年，費無極建議楚平王派太子建去鎮守城父，然後誣陷太子和伍奢造反。

楚平王先把伍奢叫回來，質問他為何幫助太子建造反。伍奢勸楚平王不要相信小人，疏遠自己的親骨肉。楚平王不相信，一邊派人暗殺太子建，一邊逼伍奢寫信給他的兩個兒子伍尚和伍子胥，讓他們回來，想要斬草除根。

伍尚老老實實地回來，伍子胥卻早得到風聲逃走了。楚平王把伍奢父子倆一起殺掉了。

一夜白頭

伍子胥從楚國逃走後，經過宋國、鄭國又逃往吳國。楚平王下令懸賞捉拿伍子胥，命人畫了伍子胥的畫像，掛在楚國各地的城門口，囑咐各地官吏仔細盤查。

伍子胥逃到吳楚兩國交界的昭關時，抬頭一看，城牆門上高高掛著自己的懸賞畫像，城門口的衛兵正一個一個地嚴查進出城的行人，看樣子正在搜查、抓捕自己。

伍子胥一看這陣仗，怎麼敢冒險通過，他連忙退開並臨時找地方躲起來，再想對策。可是，他左思右想都找不到辦法，一連幾夜愁得睡不著覺。後來他累到不行，終於睡著了，醒來之後一洗臉，發現自己滿頭黑髮全部變白，看上去老了幾十歲。

「沒想到竟然被逼到這個地步，」伍子胥摸著雪白的頭髮，眼裡含著恨意，「楚平王，我一定會找你報仇的，不會讓我的父親和兄長白白死掉。」

不過頭髮白了對伍子胥來說也算是一件好事，因為畫像比較年輕，衛兵們一看伍子胥蒼老的樣子，直接放行了。

伍子胥成功從城門出去，踏上了吳國的土地，他回頭望著自己的故土，「我一定會回來的，等我再回來，就是復仇的時候了！」

破楚復仇

伍子胥到了吳國，結識了公子光，公子光答應伍子胥，若是伍子胥能幫助他奪取王位，他就幫助伍子胥復仇。伍子胥知道當時的吳王僚喜歡吃魚，讓公子光邀請他吃魚。吳王僚果然欣然赴約，卻被負責烤魚的廚師專諸刺死，而專諸就是伍子胥安排的殺手。公子光順利當上吳王，就是闔閭[041]。

西元前 506 年，吳王闔閭封孫武為大將，伍子胥為副將，親自率領大軍向楚國進攻，連戰連勝，把楚國的軍隊打得一敗塗地，一直打到郢都[042]。

這時候楚平王已經死去，在位的是他的兒子楚昭王。楚昭

---

[041]　闔閭：ㄏㄜˊ　ㄌㄩˊ。

[042]　郢都：古地名，春秋戰國時期楚國國都。

王見吳軍打來，便連忙逃走。伍子胥沒辦法手刃仇人，覺得很對不住自己的父親和兄長。

他到父兄的墓前祭拜，看著早已長滿青草的墳塋[043]，伍子胥痛哭出聲，埋藏在心裡多年的痛苦終於有機會發洩。

「父親、兄長，我們的仇人已經死了，我沒辦法為你們報仇，我該怎麼辦啊？」

伍子胥跪在地上，手指深深地抓進土裡，淚水如斷線的珍珠落在地上。突然，他抬起頭，眼裡滿是恨意，「就算他死了，我也要報仇。」

於是，伍子胥做了一件讓後人褒貶不一的事情，他把楚平王的墓地挖開，把他的屍體拿出來，狠狠地鞭打，總算是消了心頭之恨。

伍子胥鞭屍報仇的做法，歷代以來褒貶皆有，有的人認為這是為了報父兄慘死之仇，是合理的行為；有的則認為不夠厚道，過於殘忍。

相關連結：伍子胥營造姑蘇城

姑蘇城，即現在的蘇州，這座城的設計建造者就是兩千五百多年前的伍子胥。

伍子胥深受吳王闔閭的信任和重用，是吳國的一代賢相。

[043] 塋：ㄧㄥˊ。

他治理吳國三十多年，政績卓著，有口皆碑，其中一個大功勞是建造蘇州城。

當年，伍子胥透過考察風水、土質等，選定吳中之地作為蘇州古城的建設基地，建構姑蘇古城，包含周長 47 里的大城和周長 10 里的內城。他還開掘和疏通了「胥溪」和「胥浦」，既避免吳中地區的水患，又便利了當地的漕運和灌溉，對蘇州的水利建設做出重大貢獻。

蘇州百姓為感念伍子胥的功績，將古城西南角的城門稱為胥門，胥門外的河流稱為胥江，胥江至太湖的入口處稱為胥口。千百年來，胥門、胥江總是與伍子胥的名字連在一起。可見，吳中地區的人們對伍子胥的敬仰、懷念之情十分濃厚。

臥薪嘗膽

苦膽很苦，卻敢親口品嘗；柴草粗糙，卻願意安睡其上。越王勾踐作為一國君主，勇於讓自己過這樣艱苦的日子，正是因為心中懷著復仇雪恥的目標。臥薪嘗膽的事蹟成為後世典範。

戰敗求和

吳王闔閭在孫武和伍子胥的幫助下打敗了楚國，成了南方霸主。西元前 496 年，越國國王勾踐即位。吳王闔閭趁著勾踐在為死去的父親允常辦喪禮的時候，發兵攻打越國。兩軍在檇[044]李進行一場大戰。

吳王闔閭本以為自己此次出擊，是攻其不備，越國一定會敗給自己，哪知道竟然打敗仗，自己也中箭受傷，回到吳國就死了。臨死之前，他對兒子夫差[045]說：「不要忘記找越國報仇。」

夫差即位後，便把越國報仇當做重要大事。他安排人守在宮門口，只要他經過，那人就大喊：「夫差！你忘記越國的仇恨了嗎？」

「我沒有忘！我不敢忘！」夫差眼含熱淚。

經過兩三年的秣馬厲兵，吳王夫差決定攻打越國。兩國的軍隊在夫椒一帶開戰了，越軍大敗。越王勾踐帶了五千殘兵敗將逃到會稽[046]，被吳軍圍困起來。

勾踐十分後悔，早在吳王出兵之前，他的大夫范蠡[047]跟他說過：「吳國為了這場戰爭練兵快三年了，這次肯定是抱著必勝之心而來，我們應該避開他的鋒芒。只要我們堅守城門，他們遠道而來，自然糧草不濟，時間一長就會退兵的。」

勾踐卻不喜歡當縮頭烏龜，他決定迎戰，沒想到落得大敗的下場。

---

[044] 檇：ㄗㄨㄟˋ。

[045] 差：ㄔㄞ。

[046] 會稽：ㄍㄨㄟˋ　ㄐㄧ。今浙江省紹興市。

[047] 蠡：ㄌㄧˇ。

他悔恨地說：「難道我要喪命於此了嗎？」

他的另外一位大夫文種勸說：「大王不可沮喪，當年商湯被夏桀幽禁，周文王被關在羑[048]裡，晉國重耳公子四處流亡，齊國公子小白為了活命逃到莒國，他們最後都稱王稱霸。這樣看的話，您現在的處境難道不是一種福氣嗎？不是為了將來稱霸而經歷的嗎？」

勾踐聽到文種的鼓勵，心裡好受一些。范蠡勸他去找夫差求和，先保住越國和自己的性命再說。勾踐同意他的建議，派大夫文種去找夫差求和。

帝王為僕

文種在夫差面前說出勾踐願意投降的意思。吳王夫差想同意，可是伍子胥堅構決反對，夫差一時之間也無法決定。

文種打聽到吳國的伯嚭[049]是個貪財又好色的人，便送美女和珠寶給他，請他幫忙在夫差面前說好話。拿人手短，伯嚭把美人和珠寶都收下了，在夫差面前拚命幫越國說好話。

夫差經不住伯嚭的勸說，不顧伍子胥反對，答應越國的求和，條件要勾踐到吳國做人質。

一國之主到別的國家做人質，這可不是一個小小的要求。

---

[048] 羑：ㄧㄡˇ。

[049] 嚭：ㄆㄧˇ。

但是勾踐卻同意，他把國家大事託付給文種，自己帶著夫人和范蠡到吳國去。

夫差牢記當年闔閭對他說的話，把勾踐夫婦安排到闔閭的墳墓旁邊居住。作為俘虜，夫差提供的生活條件自然不會很好。勾踐夫婦住的是石屋，做的是奴僕的工作，平時幫夫差餵馬，如果夫差要出門，則幫他拉馬。

夫差本來以為勾踐肯定忍受不了這樣的屈辱，沒想到人家忍下來了，而且一忍就是兩年。勾踐兩年的順從服侍讓夫差認為他是真心歸順了自己，便把他放回了越國。勾踐的奴僕生活終於畫上了句點。

臥薪嘗膽

勾踐終於回到了越國，他當然不是真心歸順吳國，一回到自己的國家，他立刻投入全部精力用來富國強兵。因為打仗，越國的人口越來越少，勾踐制定獎勵生育的制度，鼓勵人們多生多養，擴充人口。越國的老百姓也都想改變被吳國欺壓的狀態，都聽從勾踐的指揮，努力工作，想辦法讓國家變得更加富強。

勾踐怕時間長了，自己會忘記當初被圍困會稽，在吳國做奴僕的恥辱，於是在自己吃飯的地方掛一顆苦膽，在吃每頓飯之前，都舔一下這顆苦膽。苦膽的苦味在嘴裡瀰漫，苦得勾踐對自己說：「不要忘記吳國的恥辱！」

為了避免自己過得太舒適，消磨意志，他還把自己的蓆子撤去，像當初在吳國一樣睡在柴草上面，每天晚上都回憶一遍當初在吳國的恥辱經歷，以此警醒自己，不可放鬆，不可忘懷。

這就是著名的「臥薪嘗膽」。

經過幾年的發展，越國的國力終於得到提升，糧食滿倉，軍隊戰鬥力極強，具備了伐吳復仇的能力。

相關連結：越王勾踐劍

在今天的湖北的博物館，藏著一把兩千多年前的利劍，是越王勾踐的佩劍。這把劍被當世人稱為「天下第一劍」，歷經時光的打磨，紋飾依然清晰精美，寒氣逼人，鋒利無比。

這把劍是屬於越王勾踐的絕世兵刃，於1965年在湖北江陵望山一號墓出土。劍身保存完好，劍長55.7公分，出土時寒光閃閃，劍刃仍很鋒利。劍身滿布黑色菱形花紋，紋飾精美，鏤刻最細處僅0.1公釐。近劍格處有兩行鳥篆銘文：「越王鳩淺（勾踐）自乍（作）用劍」八字。這說明這把劍是屬於越王勾踐所有。

透過這把劍，我們彷彿能夠親眼看見越王勾踐當年的霸主風采，其製作工藝之精美，堪稱為工藝之寶。

兵聖孫武

他被稱為「兵聖」，他寫的兵法流傳了兩千多年，直到現在還在為人們所研究、應用，被譽為「兵學聖典」。他寫的兵法還被翻譯成多國文字，在世界軍事史上享有極高的聲譽和重要的地位。這個人就是孫子。

被推薦七次的人才

楚平王殺了伍子胥的父親和哥哥後，伍子胥千辛萬苦才從楚國逃出來。幸好，在吳國他遇到了公子光，並幫助公子光奪得了王位，成為新的吳王，就是闔閭。

吳王闔閭上位之後，一心想要增強吳國的實力，因為他想做霸主。於是他重用伍子胥，興修水利，發展農業，提高糧食產量，讓老百姓過上富足的生活。吳國的經濟實力也在不斷地成長。但是，軍事實力卻一直是吳國的弱點，而這也是吳王闔閭奪取霸主之位的阻礙。

吳王闔閭每天都為這件事發愁，他還讓伍子胥四處網羅軍事人才，供朝廷所用。伍子胥經過多方考察，找到一位隱士孫武。孫武這時已經完成他的兵法十三篇，但是苦於無人推薦，一直得不到施展能力的機會。

伍子胥向吳王闔閭舉薦孫武，闔閭一聽是個沒名氣的人，表示沒有興趣見這樣的平民百姓，便把伍子胥的建議駁回了。伍子胥沒有放棄，抓住機會就向闔閭推薦孫武，前後整整七次，闔閭終於鬆口，決定見孫武一面。

孫武終於得到面見國君的機會，心裡很興奮，帶上了自己的兵法十三篇，經過伍子胥的引薦，來到吳王闔閭的面前。

闔閭向孫武問了一些軍事方面的問題，問完發現孫武果然是個人才，無論是軍事訓練、兵法策略還是帶兵的理念，都是他想找的人才。於是，他決定留用孫武。但是，他是一個十分慎重的人，在正式留用孫武之前，他做了一個看起來很荒謬[050]的決定。

訓練宮女

吳王闔閭的決定是讓孫武訓練宮女，而且，為顯示他的誠意，他還讓自己寵愛的兩個妃子一起參加訓練。

孫武對吳王的要求沒有異議，對他來說，這是在吳王面前表現實力的最好機會，也是唯一機會。若是這次訓練不能讓吳王認可，那他的前途可能就毀了。

等宮女們都到了校場，吳王坐在看臺上感到有趣地看著場上的情況。兩個妃子打扮得花枝招展，還不忘朝吳王拋一個媚眼。其他宮女也都抓住這個能讓吳王正眼相看的好機會，拚命展現自己婀娜[051]多姿的女性魅力。

孫武看著眼前這群弱柳扶風的女子，頓了一下，然後把她們分成兩隊，兩個寵妃分別擔任隊長。

「各位，我奉主公的命令來訓練妳們，請大家認真對待這次訓練，如果違反軍紀，不聽號令，我將以軍法處置。」

---

[050]　荒謬：謬，ㄇㄧㄡˋ。荒謬，極端錯誤，非常不合情理。

[051]　婀娜：ㄜ　ㄋㄨㄛˊ。

宮女們嘻嘻哈哈，談笑聊天，根本不把孫武放在眼裡。

孫武提高了聲音，「你們分得清前後左右嗎？」

「又不是傻子，誰會分不清前後左右呀！你可真是無禮！」其中一個寵妃說道。

「那好，那麼接下來，我說前，你們要看著前方，我說後，你們要向後轉，我說左，你們要向左轉，我說右，你們要向右轉。聽明白了嗎？」

「聽明白了！」宮女們齊聲回答，又是一陣嘻哈大笑。

孫武點點頭，招手把軍法行刑用的斧鉞等刀具放在校場邊上，然後下令：「右！」

宮女們哄堂大笑嬉笑打鬧，根本沒有人按照命令動作。

孫武又下了幾道命令，宮女們仍然沒有人聽命，尤其是兩個妃子，只顧著搔首弄姿，哪裡聽得見孫武的命令？

孫武大聲宣布：「我已經三令五申[052]號令和軍紀，你們卻一直違反，我將以軍法處置兩位隊長，以正軍紀！」

兩位妃子還沒來得及向吳王求情，即被拉下去斬首。吳王看著自己愛妃的頭顱，心在滴血，但是他對孫武嚴格的訓練方式十分認可，認為這才是自己要找的元帥。

---

[052] 三令五申：再三地命令和告誡。

大敗楚國

孫武被吳王任命為大將後，不但為勵精圖治的吳王治軍講武，勾畫富國強兵的藍圖，還為吳國的兼併戰爭立下了卓越的戰功。其中最令人稱道的莫過於對楚國的戰爭。

吳王闔閭承諾過要助伍子胥回楚國報仇，加上他想要稱霸，也需要擴展更多的領土，所以決定攻打楚國是最合適的。

但是孫武卻不建議他立刻出兵攻打楚國，因為楚國的國力比吳國強，軍隊戰鬥力也比吳國強，再加上那些依附於楚國的小國隨時都會來支持救援楚國。若是貿然攻打楚國，很可能會陷入被四面圍攻的局面。最好的辦法就是慢慢消耗楚國的戰鬥力，直到吳國有把握戰勝他，再一舉進攻楚國。

伍子胥建議吳國一開始只對楚國的邊境進行騷擾，一旦援軍來就撤退，援軍走又進攻。利用你來我去，你去我來的方法，消耗掉楚國的戰鬥力，然後再集中全力進攻。

於是，從西元前 511 年開始，楚國陷入了每年都要與吳國打仗的局面，這種情況持續了六年。楚軍也在大大小小的戰鬥中損耗極大，戰鬥力也削弱了很多。西元前 506 年，孫武認為攻打楚國的時機已到。便聯合蔡國、唐國，一起發動攻楚的總決戰。他在柏舉擊敗楚軍主力後，尾隨追擊，五戰五勝，僅十天就攻進楚都郢城，創造春秋時期攻占大國都城的先例。

後來若不是秦國派軍救援楚國，楚國可能真的被滅掉。即使是這樣，楚國後來為了避開吳國的攻擊，還把都城暫時遷到鄀[053]。

相關連結：飄然隱去的孫武

孫武憑藉自己出色的謀略和戰鬥指揮才能在吳國地位穩固，但是他最後卻沒有為吳國服務到老，而是在五十多歲的時候退隱鄉間，這是為什麼呢？

原來，吳王夫差手下的伍子胥和伯嚭兩人不和，伯嚭是個奸臣，總是在夫差面前說伍子胥的壞話，夫差到後來也慢慢不喜歡聽伍子胥的逆耳忠言。西元前 484 年，伯嚭誣告伍子胥有謀反之心，夫差賜了一把寶劍給伍子胥讓他自殺。

伍子胥自殺後，孫武受到很大的衝擊。他之所以能夠在吳國擔任大將，完全是靠伍子胥的推薦和力保，現在伍子胥被殺，他知道夫差並不是一個值得他為其服務盡忠終身的主公，便隱居鄉間，專心修訂他的兵法著作，一本傳世兵法奇書《孫子兵法》因此問世。

[053]　鄀：ㄖㄨㄛˋ。今湖北宜城東南。

吳越爭霸

春秋末期，吳越兩國在江淮一帶爭奪霸主地位。越國利用美人計迷惑吳王，借生糧還熟糧讓吳國鬧饑荒，用離間計除掉吳王的智囊[054]，最終打敗了吳國，奪得霸主地位。

美女禮物

越王勾踐臥薪嘗膽，經過幾年的努力之後，越國國力漸漸強盛起來。於是，他有了攻打吳國的想法，以報當年被困之仇。

「文大夫，范大夫，你們認為現在是攻打吳國的好時機嗎？」

文種答說：「聽說吳王夫差自從當上霸主後，變得驕傲自滿起來，對朝政也不用心。」

「可不是，下官還聽說他這幾年多一些新嗜好，特別喜歡美人。伯嚭最會奉承，四處蒐羅美人送到夫差宮裡，夫差非常重用他！」范蠡說。

勾踐點點頭，「這麼說，我們報仇的時機已經到了！」

文種說：「下官有個建議，我們不如投其所好，送個美人給夫差吧！」

「好主意！這美人不但得美，還得聰明，我們還要靠她幫我

[054]　囊：ㄋㄤˊ。

們在夫差面前說說好話呢！」

美人計定下之後，勾踐開始四處物色美人，最後在苧羅山[055]找到一位美人，她的名字叫西施。

西施出身不高，父母不過都是普通的老百姓，但是她長得十分美麗，負責去找美人的官員一眼就相中她。西施被帶回越王宮中，經過專門訓練之後，褪去農家女的味道，整個人的氣質提升，其風姿之美，任何男人看到都忍不住心動。

於是，越國勾踐將西施獻給夫差。夫差一見到西施，立刻被西施迷住，西施成為夫差的第一寵妃。西施沒有忘記自己的任務，她和夫差在一起的時候，總是在夫差耳邊述說越國的好，使夫差對越國的印象沒有之前那麼差。

還糧陰謀

等到西施在吳國站穩地位之後，勾踐派文種去跟夫差說，越國當年收成不好，莊稼歉收，老百姓們都快餓死。請吳國借一萬石[056]稻米給越國，第二年就歸還。

夫差本來還有些猶豫，但西施在他面前哭得梨花帶雨，「大王，我的父母都還在越國，越國既然派人過來借糧，那肯定是被逼到絕路。也不知道我的父母過得怎麼樣，他們會不會被餓死啊？」

[055]　苧羅山：苧，ㄓㄨˋ。苧羅山，山名，在今浙江省諸暨市南。

[056]　石：ㄉㄢˋ。容量單位，10 斗等於一石。

夫差見不得美人流淚，連忙安慰她，轉過頭立刻答應文種的請求，借了一萬石稻米給越國。

第二年，越國真的來還糧食。

文種很恭敬地說：「謝謝吳王去年慷慨[057]借糧，解了越國老百姓之困。今年，我們越國大豐收，收的糧食比往年都更好，所以特地來還糧。而且，為了感激吳國對我們越國的幫助，我們大王特地命令我們挑選了最大最飽滿的稻米來還給吳國。」

吳王見越國很講信用，心裡很高興，再看文種送來的稻米，的確是又大又飽滿，比借過去的可好多了，所以笑著說：「你辛苦了！替本公謝謝你們大王！」

文種走了，夫差把伯嚭叫了過來，「越國還回來的稻米很好，拿去發給老百姓做種子吧！」

伯嚭依令行事，將稻米分給農民百姓們，讓大家播種。老百姓們拿到糧種，按照時令種下去，但等了十幾天都還沒有發芽。有的人說，這是越國來的稻米，跟我們吳國的不太一樣，可能發芽晚點，再等等吧。大家又等了十幾天，還是沒有發芽。

有人忍不住去地裡把種子挖出來，才發現種子全都爛掉了。可是，大家已經錯過了農時，重新再種已經來不及了。

---

[057] 慷慨：ㄎㄤ　ㄎㄞˇ。大方，不吝惜。

原來，文種還回來的稻米看上去又大又飽滿，但實際上是被蒸煮過後再晒乾的，根本就不能用來做種子。吳國吃了大虧，這一年莊稼歉收，全國鬧起糧荒。

滅吳決戰

勾踐聽到吳國鬧饑荒，想趁機會發兵。

「大王，不要著急，吳國的國力很強，不會因為一年糧荒而空虛，再說，還有伍子胥幫他呢，這個人不除，我們發兵就太冒險了！」

「那怎麼除掉他？」

「這就要靠西施和伯嚭了！」

不久，西施得到命令，讓她有機會就和伯嚭合作，除掉伍子胥。

西元前484年，吳王夫差要去攻打齊國，伍子胥奮力阻攔，希望夫差先攻打越國，除掉這個周邊大患。

夫差堅持去攻打齊國，得勝回來，本以為伍子胥會後悔自己當初阻攔出兵，誰知道伍子胥說：「打贏齊國也不過是得了小便宜，越國才是最大的禍患。」

夫差本來得意得很，一聽這話，心裡很不高興，加上伯嚭在西施的鼓動下不斷說伍子胥的壞話，讓夫差更加討厭伍子胥。

最後，夫差送一把寶劍給伍子胥，讓他自殺。伍子胥臨死的時候，氣憤地對使者說：「在我死後把我的眼珠挖起來，放在吳國東門，讓我看著勾踐是怎樣打進來的。」

西元前 482 年，吳王夫差率領國內精兵去黃池和魯哀公、晉定公等會盟，只留下一些老弱殘兵在吳國。越王勾踐趁機率領大軍攻占了吳國國都姑蘇。

等到吳王帶著大軍回來的時候，都城已經被占，自己的士兵累到不行，再和兵強馬壯的越國大軍打，根本就沒有勝算。吳軍大敗，夫差求和。

西元前 478 年，越國再次攻吳，吳國大敗。西元前 473 年，越國第三次攻打吳國。吳國這次被打得毫無還手之力，夫差羞慚自殺，臨死前只留下一句話：「我沒有臉見伍子胥！」

吳越爭霸就此結束，越國成為江淮一帶的霸主。

相關連結：東施效顰 [058]

西施是越國的大美女，她長得十分嬌美，但是有一個毛病，是經常胸口痛。胸口一痛，她就用手捂住胸口，皺著眉頭，看上去楚楚可憐，惹人憐愛。

有一天，她在溪邊浣紗歸來的路上，胸口痛的毛病又犯了，她一手端著紗盆，一手捂著胸口，皺著眉頭往家走。路過的人們見到她的樣子，都忍不住說：「西施難受時捂著胸口的樣子真是美極了！」

[058] 東施效顰：顰，ㄆㄧㄣˊ。東施效顰，比喻模仿別人，不但模仿不好，反而出醜。

這話被西施隔壁的一個醜女聽見了，這個醜女叫做東施。她的長相十分難看，粗眉小眼蒜頭鼻，嘴巴更是大得可以塞拳頭，大家看到她都忍不住轉過頭去。

東施見大家都很喜歡西施捂著胸口的樣子，就學西施，捂著胸口皺著眉頭在村裡走，村裡人看見她的樣子，都哈哈大笑，「東施，你本來就夠醜了，再去學人家西施皺眉的樣子，不是把自己搞得更醜了嗎？」

這就是東施效顰的故事，這故事告訴我們不要胡亂模仿，免得弄巧成拙。

至聖先師

他被後人尊稱為「孔夫子」、「孔聖人」，但是生前卻過得十分不得志。他走遍了大大小小的國家，也沒找到願意接納他政治主張的國君，一生清貧，卻留下了流傳千古的儒家文化，成為儒家第一人，這個人就是孔子。

魯國為官

孔子的名字叫做孔丘，他出生在魯國陬[059]邑。他的父親是一位武官，但是官位不高，而且在孔子三歲的時候就去世了。

[059] 陬：ㄗㄡ。

母親帶著孔子搬到曲阜居住，把他撫養長大。

從鄉下到曲阜這樣一個大城市生活，對於新寡的母親來說，壓力十分巨大，但是她為了讓孔子能夠得到更好的教育，在更好的環境中長大，還是堅持下來。孔子也沒有辜負母親的期望，從小他就很用功讀書，尤其愛學禮節。他最常玩的遊戲就是模仿古禮的禮節，學著大人祭天祭祖。

長大後，孔子六藝 [060] 精通，因為他十分崇拜周朝初年那位制禮作樂的周公，所以他對古禮特別熟悉。他在魯國做過很多種官，有管理倉庫的小吏，有管理牧業的小官，由於對工作十分認真，所以他無論做什麼，總是能取得很好的成績。就這樣，不到三十歲，孔子就已經有很響亮的名聲。

三十五歲那年，比較欣賞孔子的魯昭公被三個掌權大夫架空王權，孔子被趕出魯國，只好另尋出路。於是，他就到齊國找齊景公，齊景公聽完他所說的政治主張，覺得很好想重用他，但是齊國的相國晏嬰反對，孔子只好又返回魯國。

西元前 501 年，身為司寇 [061] 的孔子陪同新上位的魯定公去參加夾谷諸侯聯盟會議。孔子表現出色，魯國把之前被齊國侵占的三個城市都要回來。魯定公十分高興，準備重用孔子。

誰知道齊國卻擔心有孔子這樣的能人在魯國，將來對齊國

---

[060] 六藝：古代指禮（禮儀）、樂（音樂）、射（射箭）、禦（駕車）、書（識字）、數（計算）等六種科目。

[061] 司寇：負責驅捕盜賊和據法誅戮臣子的官。

不利，就送了一班女樂去給魯定公。魯定公有了這班女樂，每天都沉迷享樂，再也不管國家政事了。孔子進諫，卻惹得魯定公不高興，到後來一聽孔子求見，直接就揮手不見了。

孔子很失望，他對那些跟著他學習的弟子們說：「魯國不適合我們了，我們去其他國家吧！」就這樣，孔子帶著一群弟子離開魯國。

周遊列國

從魯國離開後，孔子開始周遊列國。他的本意是希望找個欣賞他的君主，得到機會實行他的政治主張。但是，春秋時期，整個大環境到處都是戰亂，大國忙著爭霸，小國忙著自保，誰也沒心思去實現孔子的想法，恢復周朝初年的禮樂制度。他先後到過衛國、曹國、宋國、鄭國、陳國、蔡國、楚國，都沒有找到願意重用自己的人。

理想得不到實現，生活有時候就是這麼殘酷，孔子也有被人調侃成喪家之犬的時候。他在從鄭國到陳國的途中，和弟子們走散了，他就一個人站在東郭門外等著弟子們來找自己。孔門弟子子貢四處尋找自己的老師，一個鄭國人告訴他：「東門外有個人，長得九尺六寸，十分高大。他額頭像堯帝，腦袋像皋陶，肩膀像子產[062]，只是腰以下差了禹三寸。他看起來很失

[062]　子產：春秋時期著名政治家、思想家。

落，像一條無家可歸的狗。」

子貢到東門外找到孔子，把鄭國人的話告訴了他。孔子心裡明白，這個鄭國人是在諷刺自己總是談聖人之事，他笑著嘆息：「是啊，他說得對，可不就像一條無家可歸的狗嗎？」

造成孔子這樣局面的那些國君們，心裡也都明白孔子是一個十分有能力的人，所以，自己不用，也不願意別人用。

有一次，孔子正在陳國和蔡國一帶，楚昭王打聽到了他的行蹤，就想派人把他請到楚國去。陳、蔡兩國的大夫不願意孔子到楚國去，於是就向各自的國君進言，發兵把孔子截住了。

孔子被圍困，幾天幾夜都沒有飯吃。但是，就算餓得沒力氣了，他還是堅持為弟子們授課，講授君子之道。他的弟子子路很生氣地說：「君子也會有這樣窮途末路[063]的時候嗎？」

孔子很豁達地說：「君子和小人都會有這樣的時候，只是君子遇到困境會堅強面對，小人就會想各種歪主意。」

子路心裡本來很焦躁，但聽見孔子這樣說，就好像被看透了心思，他不好意思得臉都紅了。

幸好，楚國得知孔子被困，連忙派兵過來解救，這才讓孔子和他的弟子們脫離困境。

---

[063] 窮途末路：形容無路可走。

儒家學派

孔子周遊列國十多年，也沒實現自己的政治主張。他年紀也大了，只能回到魯國，把精力放在整理古代文化典籍和教育學生上面。

孔子晚年整理了幾本重要的古代文化典籍，像《詩經》、《尚書》、《春秋》等。《詩經》是中國最早的一部詩歌總集，共三百零五篇，其中的內容都是反映西周、春秋時期社會生活的民間歌謠，在中國文學史上占有很重要的地位。《尚書》是一部上古歷史文獻的彙編。《春秋》則是根據魯國史料編成的一部歷史書。

西元前 479 年，孔子去世。他死後，他的弟子繼續傳授他的學說，形成儒家學派，孔子就是儒家學派的創始人。孔子的學術思想在後世影響很大，他被公認為古代第一位大思想家、大教育家。他被英國學者李約瑟評價為「無冕[064]皇帝」，這是因為他的政治主張雖然在生前沒有得到重用，但是在他去世後，在幾千年的歷史洪流中都透著濃厚的儒家文化氣息。

[064] 冕：ㄇㄧㄢˇ。

相關連結：三人行必有我師

孔子雖然學識豐富，但他卻十分謙虛。遇到比自己優秀的人，無論對方年齡、身分如何，都會虛心請教。

有一次，孔子在周遊列國的途中遇到一個七歲的孩子。這孩子用泥土圍了一座城，然後自己坐在裡面。而這座城正好在路中間，擋住孔子的馬車。孔子就請他讓一讓，這孩子回答：「你這人真奇怪，從來都是車繞著城走，哪有城讓車的道理？」

孔子一聽，這孩子有點意思，便下車請教他的名字，小孩回答：「我叫項橐[065]。」

孔子也說了自己的姓名，小孩子笑說：「我聽說孔先生很聰明，那我想請教你一個問題。」

「你請問！」

「你知道天上有多少顆星星，地上有多少五穀，人有多少根眉毛嗎？」

孔子愣住了，這哪裡答得出來呀？他老老實實地說不知道。

項橐得意地說：「那我告訴你。天上有一夜星辰，地上有一茬五穀，人有黑白兩根眉毛。」

孔子一聽有理，立刻躬身作揖，「謝謝您的賜教！您是我的老師！」

孔子辭別項橐，上了馬車，對自己的弟子說：「看吧，三個人一起走，其中一定有一個人能做我的老師。你們以後也要謙虛點，這樣才能增長見識。」

這就是「三人行必有我師」的由來。

---

[065] 橐：ㄊㄨㄛˊ。

平民指揮官

齊桓公的爭霸之路少有敗績，但是他和魯國在長勺的一場戰爭，卻是以失敗告終。而且，魯國負責指揮戰鬥的還是一個沒有官職、沒有戰場指揮經驗的民間人士。

奇人來訪

西元前 684 年，齊桓公即位的第二年，他決定攻打魯國。之前在爭奪王位的鬥爭中，公子糾得到了魯莊公的幫助，齊桓公對此懷恨在心。加上魯國緊鄰齊國，對於一心想要擴張領土、成為霸主的齊桓公來說，拿下魯國對齊國的發展有十分重要的意義。

魯莊公得知齊國要來攻打自己，覺得齊國欺人太甚，實在是忍不下去，便決心和齊國決一死戰。但是得知對方的統帥是齊國大夫鮑叔牙，魯莊公心裡有些害怕，想起自己沒什麼可打仗的能人，這仗該怎麼打？他感到很茫然。

這時候，宮人來報說有一個平民求見。魯莊公正是焦頭爛額[066]的時候，怎麼有心情見什麼平民，不過聽宮人說這人是為齊魯兩國即將爆發的戰爭而來，就點頭讓他進來。

---

[066] 焦頭爛額：形容十分狼狽窘迫。

來拜訪的正是隱士曹劌[067]。他也不客氣，一見到魯莊公就問：「請問主公打算用什麼來抵抗齊國呢？」

魯莊公想了想，「我不藏私，平時有什麼好吃的都分給大家一起享用。」

曹劌搖搖頭，「小恩小惠，少數人受惠，沒有用。」

「我祭祀上天的時候十分虔誠，從不欺瞞祭品的數量。」

「要等上天來幫您，也不太可能啊！」

「平時老百姓有官司的時候，我都盡可能地查明真相，絕不冤枉好人。」

曹劌點點頭，「這倒是不錯，我想我們可以和齊國打一仗了！」

魯莊公見他很有信心的樣子，心裡很高興，「那我和曹先生一起去戰場指揮戰鬥吧！」

獨特戰術

齊魯兩國在長勺這個地方對上了。雙方擺開陣勢，魯莊公和曹劌坐在同一輛戰車上，遠遠地望著戰場對面的齊軍。

魯莊公很激動，「曹先生，你看對面的齊軍，軍容齊整、氣勢高昂、兵器鋒利，看起來很強的樣子，我們真的能打贏他們嗎？」

---

[067] 劌：ㄍㄨㄟˋ。

曹劌笑了笑，「主公不可長他人志氣，滅自己威風啊！」

魯莊公點頭說：「曹先生說得對！」

這時候，對面齊軍陣地傳來驚天動地的戰鼓聲，原來是齊軍準備發動進攻了。

「曹先生，我們也擂鼓準備進攻吧！」

曹劌擺擺手，「不著急，還不到時候！」

齊軍又擂響了第二通戰鼓，齊軍一陣大喊，曹劌還是命魯軍按兵不動。

鮑叔牙見對方始終不動，還以為對方見自己這邊士氣高昂，膽怯害怕了，就立刻擂響第三通戰鼓，齊軍隨之向魯軍衝過去。

曹劌轉頭對魯莊公說：「我們也可以進攻了！」

魯莊公立刻命人擂響戰鼓，之前被對方耀武揚威的樣子氣得火冒三丈的魯軍，得到進攻命令，就像下山的猛虎一樣撲向齊軍。齊軍沒想到魯軍竟然發起如此勇猛的攻勢，很快便敗下陣來，轉頭就撤。

魯莊公十分高興，一揮手就打算乘勝追擊，卻被曹劌攔住了，「別著急，等我看一看！」

他下車查看齊軍撤退的車轍[068]，又爬上車看了看遠方退逃的齊軍，然後肯定地對魯莊公說：「主公可以命人追擊了！」

[068] 轍：ㄔㄜˋ。

魯軍兵士聽到追擊的命令，個個奮勇當先，乘勝追擊，終於把齊軍趕出魯國國境。

一鼓作氣

魯軍大勝，魯莊公心裡非常高興，也對在戰場上指揮若定的曹劌十分佩服。不過他對曹劌採用的戰術十分好奇，一回到宮裡就迫不及待地詢問起來。

「曹先生，齊軍頭兩次擊鼓的時候，你為什麼不讓我反擊呢？」

「打仗的時候，士氣最重要。齊軍擊第一次鼓的時候，他們的士兵士氣是最足的，這個時候我們反擊就等於直接撞在刀口上；我們不反擊，是避其鋒芒。」

「齊軍第二次擊鼓的時候，我們還是不反擊，他們的士兵就有些洩氣了；到第三次擊鼓的時候，他們的士兵已經不耐煩了，哪裡還有士氣？而我們這邊，也正是因為不允許出擊，士兵們都憋著一口氣呢，所以一擊鼓他們就士氣高昂地衝出去，打贏已經鬆懈的齊軍，自然是沒問題的。」

魯莊公點點頭，「原來如此，曹先生真是厲害。那既然齊軍已經戰敗，為什麼不下令立刻追擊呢？」

「齊軍雖然敗退，但他們是個大國，兵力強大，說不定他們假裝敗退，在什麼地方設下埋伏，我們不能不防著點。後來我看到他們的旗幟東倒西歪，車轍也亂七八糟，才相信他們陣勢

已亂，所以才請您下令追擊。」

魯莊公這才恍然大悟，稱讚曹劌想得周到。經過長勺一戰，齊國對魯國的實力有了新的理解，擴張計畫也產生變化。過了兩年，齊魯終於談和，兩個國家進入和平共處的階段。

相關連結：鮑魚為什麼叫鮑魚？

鮑魚，其實並不是魚類，牠的本名應該叫盾魚，是和貝殼類動物中的蠔一樣的軟體動物。可是牠為什麼被稱為鮑魚呢？

原來這鮑魚的得名源於鮑叔牙。鮑叔牙一輩子只喜歡做兩件事：一是吃盾魚；二是喝玲瓏茶。管仲當了國相之後，為了報答鮑叔牙對他的知遇之恩，專門建造了玲瓏園，專供鮑叔牙一生享用盾魚和玲瓏茶這兩種美味。

盾魚從那之後也就被稱為鮑魚了。

玩鶴喪國的衛懿公

一個人有點嗜好很正常，可是這個嗜好居然引得百姓怨恨，導致國家滅亡，那就有點太超過了。衛懿[069]公是一個愛鶴

[069] 懿：ㄧˋ。

愛到痴迷的國君，只愛鶴而不勤於國家朝政，最終成了貽笑萬年的笑話。這也給人們一個警惕，玩物可以，但絕不可喪志。

愛鶴成痴

衛懿公是春秋時期衛國的第十八任國君，雖然他在位時間只有八年，但是他的荒唐事卻被記錄史冊中，成為後世人們警醒自己的負面案例。

衛懿公生平沒有什麼其他嗜好，唯獨只對鶴極度喜愛。鶴這種鳥類，有著潔淨的羽毛，修長的脖子和亭亭玉立的身姿，在衛懿公看來，這些鶴比美人更美。

他到底有多喜歡鶴呢？一般國君後宮裡都是美人成群，但是衛懿公的後宮裡卻是鶴比人多。衛懿公要求讓鶴每天吃山珍海味，宮女們每天忙著精心伺候那些鶴。

懿公如此喜歡鶴，下面的人自然會投其所好。那些想在衛懿公面前表現的官吏，都不管自己的本職工作了，專門四處蒐羅漂亮的鶴獻給衛懿公。如果被衛懿公看上，就能得到他的喜歡，升官發財自然不在話下。

最誇張的是，衛懿公居然還替這些鶴封官定級，就像朝廷命官一樣。這些鶴根據不同的品質、體態以及衛懿公的喜愛程度，被封為不同的官階，享受相應的俸祿。衛懿公還經常帶著這些鶴官們在城裡巡遊。他坐在車上，這些鶴也按照品級坐在不同的車上，人鶴同遊，看上去十分可笑。

不過衛國的老百姓可笑不出來，因為衛懿公的這個嗜好對他們的生活造成極大的困擾。官吏們驅使他們四處捕鶴，種出來的糧食還要送到宮裡給鶴吃，交的稅錢變成這些鶴官們的俸祿。

衛懿公養鶴的錢不夠了就從國庫裡拿，國庫空虛再從人民身上搜刮，總之，只要他的鶴過得舒適就好。衛懿公根本不管老百姓的死活，老百姓也對衛懿公十分怨恨。

抵抗外敵

衛懿公的荒唐嗜好傳到北狄[070]。北狄王一直都在找機會進攻中原，聽到衛國人都很怨恨他們的國君，覺得這是一個好機會，便帶著兩萬騎兵突襲衛國。

衛懿公沒想到狄人會突然來襲，大驚失色，連忙召集官吏徵兵打仗。百姓們卻說：「你把我們的糧食和錢都給你的鶴用了，我們快要餓死了，沒有力氣打仗，讓你的那些鶴官們去打仗吧！」

衛懿公這才醒悟過來，自己的嗜好帶給國家和百姓這麼多壞的影響。他十分悔恨地說：「都是我的錯！我以後再也不養鶴了。」

但是，後悔有什麼用呢？老百姓的積怨很深，哪是一兩句話就能挽救回的呢？就這樣，衛懿公的徵兵計畫失敗，根本沒有人願意應徵入伍，他只好強行抓人當兵，然後率領著這群沒有經過訓練的軍隊迎戰狄人。

北狄可是一個尚武的國家，騎兵尤其厲害，和缺乏訓練而

---

[070]　北狄：古代華夏人對北方非華夏各個部族的統稱。

且根本沒有心思打仗的衛國士兵相比，就像是貓遇到老虎一般，衛國士兵一見北狄的騎兵衝過來，立刻就軍心渙散，扔下武器四處奔逃。

衛懿公沒辦法阻止士兵們的逃散，最後被狄兵團團圍住，慘死在亂刀之下。衛國都城也被攻破，衛國人死傷無數，屍骨堆滿都城內外。

弘演納肝

衛懿公被狄人殺了，死得很慘，據說他身上的肉都被狄人一塊一塊地割下來吃掉了，只留下內臟丟在那裡，也沒人收殮。

當時，衛國有位大臣叫弘演，北狄人襲擊衛國的時候他正在外國出使。古代的通訊很不發達，所以等他知道衛國都城被攻破的消息後，仗都打完了。

他趕回衛國時，卻只看見屍橫遍野的都城。

「主公呢？主公呢？」他四處呼喊，詢問著那些從狄人刀下保得性命的人。所有人都搖搖頭，誰願意去管那個害得都城被破、百姓家破人亡的昏庸國君呢？

弘演不死心，在戰場上四處尋找，他想著，衛懿公多半已經死了，但是至少要找到屍體，好好安葬才行。他找了很多地方，幸好有一個士兵告訴他衛懿公被北狄人帶走了。

他順著所指方向走過去，找到衛懿公的衣服和帽子。衣物散了一地，卻不見屍體，遍地留著鮮血，還有一副肝臟在地上。

弘演傷心地趴在地上哭了一場，然後痛苦地說：「主公，臣回來晚了，請原諒！讓我做你的衣裳吧！」於是他就自殺，把自己肚子裡的肝臟掏出來，再把衛懿公的肝臟放進去，這才放心地閉上眼睛死去。

等到人們來安葬他們的時候，已經無法把衛懿公的肝臟拿出來了，只能把弘演的屍體和衛懿公的肝臟合葬在一起。

相關連結：鬥牛而廢耕

相傳，衛懿公除了喜歡養鶴外，對其他動物也很喜歡。他很喜歡鬥牛，一看到鬥牛就特別興奮。那些放牛的人，誰的牛戰鬥力強，得的俸祿就多，有時候和官員一樣多。

大臣勸說：「主公，不能這樣。牛是用來耕田的，不是拿來取樂的。你這麼喜歡鬥牛，那些人就會把牛拿去鬥，而不是用來種田耕地。這牛不耕田，我們國家的收成還能好嗎？沒有糧食，國家的根本就都荒廢掉啊！」

衛懿公卻不聽勸告，在衛國，那些好鬥的牛，比一般的耕牛貴十倍。在利益的驅使下，養牛的人都不再養耕牛，而是去訓練牛抵角相鬥，農業生產受到很大的影響。

羊皮換大夫

一位百年難遇的人才值多少錢？秦穆公的答案是五張羊皮。因為他就是用五張黑山羊皮成功地將百里奚贖到身邊，封他為上大夫，讓他輔佐自己治理朝政，最終使秦國成為一個強國。

懷才不遇

百里奚本是楚國人，他飽讀詩書，才學過人，可是因為家境貧困，一直找不到機會施展自己的才幹。看著百里奚失落的樣子，他的妻子提出讓他去別的國家求官。

「家裡已經窮成這樣了，我若是走了，你怎麼辦？」百里奚不想丟下自己的妻子和孩子。

「你有才能卻得不到重用，我不想看你這樣。你不用管我們，我會照顧好自己和孩子的。」

於是百里奚從楚國出發，歷經宋國、齊國等地，一直都找不到當官的機會。在齊國的時候，他身無分文，沒辦法，只好沿街乞討。在郅[071]地，他遇見了蹇[072]叔，兩人一番高談闊論，結為知己。

---

[071]　郅：ㄓˋ。
[072]　蹇：ㄐㄧㄢˇ。

蹇叔覺得他很有能力，就把他推薦到虞國做大夫。可是虞國的國君是一個貪財無腦的人，為了得到晉國的寶玉和好馬，居然答應讓晉國通過自己的領土去攻打虢[073]國，而虢國是虞國的鄰國，也是虞國的同盟國。

大臣對虞國國君勸諫唇亡齒寒[074]的道理，他根本不聽，堅持要借道晉國。最後，晉國把虢國滅了，轉過頭對付虞國。

虞國被滅後，百里奚被當成俘虜。晉國本來打算讓百里奚做官的，但是百里奚不願意，只好被當成陪嫁奴隸，在穆姬嫁給秦穆公的時候，陪嫁到秦國。百里奚哪裡願意當陪嫁奴隸，在送嫁途中找機會逃回楚國。

回到楚國，百里奚也沒得到重用，倒是他養牛的本事傳到了楚成王耳朵裡。於是，楚成王就讓這位擁有驚世治國才能的奇才幫他養牛去了。

五張羊皮

再說秦國這裡，秦穆公早就看過穆姬的陪嫁名單，見上面有百里奚的名字，很高興。因為百里奚還在虞國當官的時候，他就聽說了這個人，也知道這個人是曠世奇才。誰知道，送嫁的隊伍到秦國時，才發現百里奚逃跑了。

---

[073] 虢：ㄍㄨㄛˊ。

[074] 唇亡齒寒：嘴唇沒有了，牙齒就會覺得冷，比喻關係密切，利害相關。

秦穆公詢問送嫁的人，「這百里奚逃去哪裡？怎麼不抓回來？」

送嫁的人回答：「不過是個奴隸，跑了就跑了吧，我們可不敢耽誤送親的良辰吉日。」

秦穆公對公子摯說：「這個人是人才，我想花重金把他從楚國贖回來。」

公子摯想了想，「這樣可能沒辦法得到百里奚，因為楚成王不知道百里奚真正的才能，才會讓他去養牛。如果我們出重金去贖他，就等於告訴楚成王百里奚是一個難得的人才。那他怎麼可能讓百里奚到秦國來呢？」

秦穆公點點頭，「你說得有道理，那我們該怎麼辦？」

「既然百里奚是逃走的奴隸，我們就用奴隸的價錢去買他。我們派人去跟楚成王說，這人是穆姬的逃奴，為了讓穆姬高興，所以你願意出五張黑山羊皮把他贖回來。這樣楚成王肯定就不會懷疑，你就能得到百里奚了。」

果然，楚成王毫不懷疑秦穆公的意圖，收下五張黑山羊皮就把百里奚交給秦國使者。

百里奚被帶回秦國，秦穆公親自接見他，態度十分親切。百里奚說：「我不過是亡國之臣，哪裡有資格得到國君如此對待？」

「虞國國君不用你，才導致亡國，讓你變成奴隸，這不是你的錯。」秦穆公親自解除百里奚的奴隸身分，兩人在國家大事上討論了三天，百里奚的見解讓秦穆公十分佩服，他決定重用百里奚。

本來秦穆公打算要拜百里奚做上卿，這就等於把秦國的軍政大權交給他。可百里奚不接受，反而推薦蹇叔當上卿。秦穆公同意後，就讓他用重禮把蹇叔請到秦國來和他一起做上卿。

施展才能

就這樣，秦國用五張黑羊皮換來了一個治國人才。百里奚在秦國做上卿之後，對內提倡教化，啟迪民智；對外與鄰國交好關係，不興戰事。他始終保持著愛民思想，勤勉政事。他勞累不坐車，酷暑炎熱不打傘；走遍全國，不用隨從的車輛，不帶武裝防衛，深得秦國人民的信賴。

秦國和相鄰的晉國，一直都保持著婚嫁通好的傳統，兩國關係十分緊密。

西元前 651 年，晉獻公去世。晉國是個大國，若是內政不穩，會對整個局面產生影響。為了大局著想，百里奚親自率兵護送公子夷吾回國即位，就是晉惠公。秦國答應支持夷吾即位的條件之一就是等夷吾即位後，就把河西八城割給秦國。誰知道他當了國君卻把這件事拋在腦後。

晉國食言，秦國對此很不滿。三年後，晉國遇到荒年，找秦國借糧。朝內有人不同意借糧給晉國，百里奚卻堅持要借，他說：「秦國借糧，不是給國君一人，而是去救晉國的老百姓。」這樣仁愛寬廣的胸懷，讓晉國人對秦國十分感激。

又過了兩年，輪到秦國遭災。秦國向晉國借糧，誰知道沒有等來糧食，卻等來了晉國的軍隊。兩國在韓原交戰，雙方傷亡慘重，最後秦國取得勝利，還俘虜了晉惠公。為了不犯晉國人的眾怒，讓剛剛經歷饑荒又遇到戰亂的秦國能夠休養生息[075]，百里奚主張把晉惠公放回去。

後來晉惠公死了，百里奚又輔佐秦穆公將在外流亡的晉國公子重耳扶上了君位，這就是晉文公。晉文公是很有才能的人，他首先稱霸。秦國則與晉國保持友好關係，和晉國一起攻打意圖稱霸中原的楚國。最終，秦國成為晉國之外北方實力最強的國家。

百里奚在處理秦國和晉國的關係上，始終保持一種和平共處的態度。這是因為他一方面不願意把戰爭引到國內，讓百姓家破人亡；另一方面也是出於對秦國實力的考量。秦國當時的確不足以與晉國抗衡，百里奚透過與晉國交好的外交政策，為秦國贏得發展時間，也為秦國在戰國時期崛起，最終統一六國奠定基礎。

相關連結：相堂認妻

百里奚在秦國當上卿（相國），樹立極高的聲望。有一天，他在相府大宴賓客，還安排歌舞招待客人，十分熱鬧。

---

[075] 休養生息：指在國家大動盪或大變革以後，減輕人民負擔，安定人民生活，發展生產，恢復元氣。

突然，一個在府內洗衣服的老婦請求為上大夫百里奚演奏一曲。百里奚答應了，老婦坐下來自彈自唱，歌詞的內容就是百里奚發跡之前的事情。

百里奚讓老婦上前來問話。他仔細一看，大驚失色，立刻衝過去將老婦抱在懷裡，痛哭起來。

賓客們看到很意外，都不知道發生什麼事。原來，這老婦就是百里奚的妻子。

當年，百里奚辭別自己的妻子和孩子，一個人外出求官。等他當上卿後再回去尋找妻子和孩子時，已經人去屋空。

如今，終於找到妻子和孩子，百里奚將他們接進府中，一家人團聚。秦國人知道這件事後，都覺得百里奚成功後也不忘老妻，的確是品德高尚的人，對百里奚更加尊重起來。

戰國：群雄逐鹿

三家分晉

曾在春秋時期稱霸諸侯的晉國，到了春秋末期卻衰敗下來，國君的王權被大夫瓜分，形成了六家執政的局面。然後，六家變四家，四家變三家，最後直接把晉國滅國了。這就是歷史上的三家分晉，也是春秋結束、戰國開始的指標。

智家獨大

春秋末期，晉國的實權由六家大夫把持，他們都各有地盤和軍隊，他們之間互相攻打，最後只剩下了智家、趙家、韓家、魏家。在這四家中，又以智家的勢力最大。

智家的主君叫智伯，他繼位後，仗著智家的實力比其他三家都要強，一直想侵占其他三家的土地，讓他們以智家為尊，若將來把這三家併吞，智家便能獨得晉國。

於是他想到一招，分別對三家大夫趙襄子、魏桓子、韓康子說：「晉國本來是中原霸主，後來卻被吳、越奪去霸主地位。為了使晉國強大起來，我主張每家都拿出一百里土地和戶口來歸給公家。」

這三家一聽，心裡都明白，智伯是打著公家的幌子來蠶食[076]我們的土地。誰不知道晉國國君如同虛設，要是把土地給公家了，將來智伯想要獨吞，莫不是易如反掌[077]？

可是智家的實力確實比較強，韓康子和魏桓子都不想和智家撕破臉，就先後把土地和戶口交出來了。偏偏趙襄子不樂意，他對智伯說：「我趙家的土地都是祖上拼盡性命賺來的，作為趙家後代，不敢做這種背棄祖宗的事情。」

智伯讓三家交土地、戶口本來就是兩步計畫。若是三家都乖乖交出土地和戶口呢，那智家就能大撈一筆，實力變更強了。若是哪家不聽話，就趁這個機會教訓他一頓，樹立智家的權威。於是，西元前 455 年，他命令韓家和魏家和他一起攻打趙家。

韓、魏兩家不敢拒絕，分別擔任右路軍和左路軍，跟隨智家一起攻打趙家。

---

[076] 蠶食：像蠶吃桑葉那樣一點兒一點兒地吃掉，比喻逐步侵佔。

[077] 易如反掌：做起事來就像把手掌翻過來一樣容易。

水淹晉陽

智伯自己率領著中軍，帶著韓、魏兩家的軍隊，三路人馬直奔趙家。趙襄子一看，三家打一家，趙家肯定打不過呀，所以趕緊帶著趙家兵馬退守晉陽。

很快，晉陽城就被三家的軍隊團團圍住，趙襄子知道硬拚是拼不過的，就命令將士們堅決把晉陽城守住，絕不出城池。晉陽城的城牆堅厚高聳，三家士兵想要攻城只能搭梯子爬上城牆，趙襄子便命令守軍等到三家士兵開始爬牆就往下射箭，箭如雨下，三家人馬根本沒辦法抵抗，只能退回來。

就這樣攻一次退一次，攻一次退一次，趙家憑著城牆和弓箭堅守了兩年多，三家人馬也在城外耗費兩年多。

智伯見晉陽城久攻不下，心裡也有些著急，就親自到城外檢視地形。晉陽城東北有一條河，叫做晉水，這條河原本是繞過晉陽城往下流的，如果能把這水引過來，不就直接把晉陽城淹了嗎？大水淹了城，趙襄子還能堅守多久呢？

於是智伯命令士兵在晉水和晉陽城之間挖了一條河，然後堵住晉水，等到水滿堤壩，就一下子挖開堤壩，水衝晉陽城。趙家也是倒楣，智伯剛剛想了這麼一個壞主意，就碰上天下大雨，水壩上的水很快就滿了。智伯就命人把堤壩開了一個大口，大水立刻就沖垮堤壩，直奔晉陽而去。

晉陽城裡很快就淹了水。房子被淹了，老百姓們只能跑到房頂上避難；煮飯的灶頭也淹沒在水裡，人們只能把鍋吊起來煮飯。可就算是這樣，晉陽城的老百姓也不屈服，他們恨透了惡毒的智伯，都表示寧可淹死也不投降，要和趙襄子並肩作戰到底。

智伯得意揚揚地對韓康子、魏桓子說：「你們看，晉陽被淹成這樣，還能堅持多久呢？以前我覺得晉水是一道城牆，能夠幫助晉陽攔住敵人，現在看來，晉水也能毀掉晉陽，毀掉趙家啊！」

韓魏反水

韓康子和魏桓子看在眼裡，急在心裡，他們眼看著水淹晉陽，不由得想到自己家的情況。魏家封邑安邑和韓家封邑平陽，地形都和晉陽城十分相似，旁邊也各有一條河。韓康子和魏桓子都感覺趙家的今天可能就是他們兩家的明天。

晉陽城裡面的情況越來越艱難，趙襄子很著急，他對門客張孟談說：「老百姓現在雖然還很支持我們，但是水勢若是這樣一直下去，晉陽城就真的保不住了，我們得快點想辦法才是。」

張孟談說：「我推測韓家和魏家也不是真心歸順智家，不如由我去找他們談談，也許會有轉機呢？」

趙襄子同意了，張孟談趁夜溜出晉陽城，找到韓康子和魏桓子，和他們商量三家聯合在一起，反過來攻打智家。韓康子和魏桓子白天還在為自己家的未來發愁，剛好張孟要來談合作，他們也表示同意。

第二天夜裡，智伯在自己的營帳裡睡大覺，突然聽到一陣喊殺聲，他連忙爬起來，卻發現自己的營帳被淹了。出來一看，整個兵營都被淹了。他還以為是晉水那邊的水勢太大，連自己這邊也被淹了，連忙指揮士兵去搶修。

這時候，四面八方都響起了戰鼓聲，原來是趙、韓、魏三家的士兵坐著小船、木筏一起殺了過來。智家軍措手不及，有的被砍死，有的被砍傷淹死在水裡，死傷不計其數。智家軍全軍覆沒，智伯也被殺了。

就這樣，趙、韓、魏三家滅了智家，瓜分了智家的土地，又把晉國其他的土地都瓜分了。西元前 403 年，韓、趙、魏三家派使者上雒邑去見周威烈王，要求周天子把他們三家封為諸侯。

周威烈王也沒辦法管制這三家，只能同意把三家正式封為諸侯。從那以後，趙、魏、韓三諸侯，加上秦、齊、燕、楚，就是戰國七雄。

戰國時代，開始了。

相關連結：刺客豫讓

趙襄子聯合韓家、魏家消滅智伯之後，成為七雄之一。

有一天，他在宮中行走，路過一個正在整修的廁所，突然一個正在修理廁所的工人拿著匕首衝過來要殺他。趙襄子的衛兵把他抓住，詢問之下，才知道這人叫豫讓，是智伯的家臣，要找趙襄子報仇。

趙襄子很感慨，想不到智伯這樣的人還有如此忠誠的人跟隨，就讓士兵放了他。

豫讓出來後，還是不死心。他用漆塗遍全身，又吞下火紅的木炭燙啞自己，多方打聽到趙襄子的行蹤，他便躲在一座橋下，伺機再次刺殺趙襄子。

趙襄子騎著馬來到這座橋上，馬突然嘶叫，四蹄亂蹬，他感覺有異，就讓人搜查，果然找到了躲在橋下的豫讓。

豫讓的刺殺計畫再次失敗，他請求趙襄子把衣服脫下來讓他刺殺。趙襄子對他的忠心十分感動，就把衣服脫下給他，豫讓拿起刺刀使勁刺衣服三下，然後自殺身亡。

這就是刺客豫讓的故事。

信陵君竊符

秦國變得強大之後，四處征伐，很多國家都害怕秦國。但是有一位卻憑著自己的膽量，救了一個國家，這個人就是戰國四公子（亦稱戰國四君）之一的信陵君。

趙國求救

信陵君，本名叫魏無忌，是魏國的公子，是魏安釐[078]王的弟弟。安釐王即位之後，就把他封在信陵，所以後世稱他為信陵君。信陵君是戰國四公子之一，也是一位禮賢下士的君子，門下養了食客幾千人，在魏國的聲望很高。

西元前 260 年，趙孝成王在長平之戰中了秦國的反間計，派遣只會紙上談兵[079]卻沒有實戰能力的趙括代替老將廉頗，最終導致趙國大敗，四十多萬趙國兵士被秦國坑殺，趙國國力因此削弱。西元前 257 年，秦國的軍隊包圍趙國都城邯鄲。

趙國的形勢已經到非常危急的時刻，急需要外來的援助。趙國的相國叫趙勝，是戰國四公子中的平原君，同時也是信陵君的姐夫。他多次向魏國送信，希望魏國能夠派兵救援趙國。魏安釐王看在平原君夫人的分上，就讓晉鄙將軍率領十萬人馬前去救趙。

秦王得知魏國出兵後，就派使臣前去警告魏王，「趙國早晚會被我拿下，誰要是敢阻撓去救援趙國，等我拿下趙國之後，我就先調兵攻打他。」

魏王很害怕，不敢直接得罪秦國，但是大軍已經派出去，也不好再撤回來，畢竟關係到國家顏面的問題。於是他命令晉

---

[078] 釐：ㄌㄧˊ。

[079] 紙上談兵：在文字上談用兵策略，比喻不聯繫實際情況，空發議論。

鄙駐紮在鄴城，名義上是救趙國，但實際上是抱持觀望態度。

魏國的做法讓平原君感到十分失望，他派人責備魏無忌：「我聽說公子道義高尚，能夠幫助別人解脫危難，所以才願意和魏國聯姻結親。現在邯鄲已經十分危急，如果援兵不來，早晚會投降秦國。就算公子不擔心我，也要想想你姐姐的處境啊！難道你希望看著她成為秦國的俘虜，受盡屈辱嗎？」

信陵君聽到這話，就三番五次地央求魏王出兵，魏王卻怎麼也不答應。信陵君就說：「如果大王不願意發兵救趙國，那我自己去！我死也要和他們死在一起！」

侯嬴獻計

有很多門客都願意跟隨信陵君去救趙國，唯有一位叫侯嬴的無動於衷[080]。信陵君自認為對侯嬴很好，就去問他為什麼不願意和自己一起去。

侯嬴笑著說：「你們這樣去救趙國，就如同送給秦國一塊肥肉，人家會跟你客氣嗎？那不就是白白送死？」

信陵君嘆息：「這我也明白，但是實在是沒有辦法啊！」

「我有辦法啊！」侯嬴支開旁人，對信陵君說，「大王宮裡有一位很受寵愛的如姬對不對？」

[080] 無動於衷：指對令人感動或應該關注的事情毫無反應或漠不關心。

「是的。」

「我聽說您對她有恩，她的殺父仇人就是您派人幫她找到並殺掉的。您為如姬報仇，她為了這件事肯定十分感激公子，如果能請她幫忙把大王臥室裡的兵符[081]偷出來，那您拿到兵符可以去鄴城接管晉鄙的兵權，就有兵力和秦國作戰了。這不是比白白送死的好嗎？」

信陵君眉開眼笑，「先生好計謀！」

如姬很快就把兵符偷出來交給信陵君，信陵君準備出發之前，侯嬴又來了，還帶來一個十分強壯的人。

「將在外，君命有所不受。萬一晉鄙接到兵符也不交兵權，您就讓我的這位朋友朱亥對付他。」

信陵君點點頭。

侯嬴又說：「我已經老了，沒辦法跟隨您去作戰，您到達鄴城的那一天，我會向北自刎，以謝君恩。」果然，等信陵君趕到鄴城的時候，侯嬴在家裡自刎而死。

出兵救趙

信陵君帶著朱亥和門客們到達鄴城，見到晉鄙，就把兵符拿了出來，讓他交出兵權。

晉鄙覺得信陵君來得有點突然，心生懷疑，就說：「交出兵權乃是軍機大事，我要奏明大王，才能照辦。」

信陵君見晉鄙果然如侯嬴所猜想的那樣，不願意交出兵

[081] 兵符：古代調兵遣將的符節。

權，就對旁邊的朱亥使了一個眼神。朱亥拿出藏在袖子裡的四十斤重的大鐵錐，向著晉鄙砸過去。晉鄙立刻腦袋開花，當場死了。

信陵君拿著兵符，對將士們宣布命令：「父子都在軍中的，父親可以回去；兄弟都在軍中的，哥哥可以回去；獨子沒兄弟的，回去照顧父母；其餘的人跟我一起去救趙國。」

然後他選了八萬兵馬，出發去救邯鄲。秦軍沒想到魏國居然真的會出兵救趙國，手忙腳亂地抵抗一陣，就有些支撐不住。平原君見信陵君率軍來救，喜出望外，立刻帶著趙國的軍隊殺了出來。兩面夾攻之下，秦軍兵敗如山倒，主將帶兵逃走，剩下兩萬秦兵被圍困，投降了。

信陵君救下邯鄲，保全趙國。趙孝成王和平原君十分感激，親自到城外迎接他。信陵君讓手下的將軍帶著軍隊先返回魏國，自己與門客則留在趙國。趙孝成王感激信陵君竊符救趙，封賞五座城邑給信陵君。

相關連結：禮賢下士的信陵君

魏國有一位隱士叫做侯嬴，已經七十歲卻還是守門小吏。信陵君聽說此人，便帶著厚禮前去拜訪，可侯嬴卻不收。

信陵君猜想可能是覺得自己不夠尊重他，便在家裡擺上酒席，請來賓客，親自去迎接侯嬴。侯嬴上了馬車對信陵君說：

「公子，我有位朋友在屠宰場，我想去拜訪一下！」

信陵君立刻駕車帶著他到屠宰場，侯嬴要見的人就是朱亥，他們聊了半天，信陵君一點都沒有不耐煩，很恭敬地等候著侯嬴。

等兩人說完，侯嬴又坐上馬車。此時，府裡的賓客早就等得不耐煩了，見信陵君很恭敬地帶著一位老頭進來，很不可思議。

侯嬴笑著對信陵君說：「我只是個看門的老頭，您卻對我這麼尊重，街市上的人看到您的態度，都知道您是一位禮賢下士的高人。這也算是我對您的報答！」

這件事傳出去後，信陵君禮賢下士的名聲越來越大。

斷腳軍師

歷史上，除了著有《孫子兵法》的孫武之外，還有一位著名的軍事家孫臏，他的《孫臏兵法》也深受後世的推崇。但是，這位軍事家卻是沒有雙腳的殘疾人，他是如何以殘疾之身成為齊國軍師的呢？

慘遭陷害

孫臏，原名孫伯靈，乃是孫武的後世子孫。因為被人陷害，遭受臏刑，膝蓋以下全被砍掉，成了一個殘疾人，所以世稱孫臏。

孫臏跟隨鬼谷子 [082] 學習兵法的時候，有一個同學叫龐涓。龐涓這個人心胸狹窄，且手段毒辣。不過在和孫臏一同求學期間，兩人相處十分融洽，還結拜成異姓兄弟。

三年學成之後，龐涓決定下山去投奔明主，一展才學，孫臏卻想再跟著鬼谷子多學一點東西，只能依依不捨地送龐涓離去。

龐涓下山之後，很快就得到魏惠王的重用，成了魏國的元帥。他也確實有些真本事，帶領著魏國的軍隊不斷進攻周邊的小諸侯，取得多場勝利，甚至還打敗過當時強國齊國的軍隊。這讓他在魏國取得很高的威望，魏國從上到下都很尊重他，他也覺得自己是一個無人能比的將才，心裡十分得意。

不過，他心裡一直有個隱憂，那就是還在跟著鬼谷子學習兵法的孫臏。他心裡很清楚，孫臏在和他一起求學的時候就十分認真踏實，在兵法方面的領悟力也比他強。他很擔心孫臏將

---

[082] 鬼谷子：鬼谷子是周朝的思想家，因為隱居鬼谷，所以被稱為鬼谷子。他留下的著作《鬼谷子》被稱為「智慧禁果、曠世奇書」，裡面所講的權謀策略即使到現代，也是政治、軍事、外交、商業領域的必備之書。

來出山之後會得到重用，奪走自己的地位，於是他就開始想辦法要除去孫臏。

孫臏怎麼會知道龐涓的想法，他心裡還把龐涓當作兄弟，所以當龐涓讓人送信來叫他去魏國的時候，他欣然同意了。他本以為龐涓叫自己去魏國是打算向魏王舉薦自己，然後兩兄弟一起為魏國效力，建功立業。怎麼知道龐涓卻在魏王面前捏造罪名陷害他，魏王聽信龐涓的話，不但對孫臏施了臏刑[083]，還在他臉上刺了字。龐涓覺得孫臏這下子完了，沒有哪個國家的君王會重用一個殘疾人，孫臏再也不可能勝過自己。

田忌賽馬

可惜，天不從人願，孫臏並沒有如龐涓期望的一蹶[084]不振，反而在齊國派使者到魏國來訪的時候，悄悄地求見了齊國使者，並以自己的才學遊說他。齊國使者對這個身體殘疾，才情一流的人十分感興趣，就悄悄地把他帶回齊國。一到齊國，孫臏就受到了齊國大將軍田忌的厚待，並留他在家裡居住。

孫臏在田忌家裡雖然受到很好的照顧，但是卻一直沒機會展示自己的才能。直到有一天，田忌家裡來了許多尊貴的客人。他們是齊國的諸位王子，想要和田忌比一場賽馬。

---

[083] 臏刑：夏商時期的五刑之一，又稱刖刑，是斷足或者砍去犯人膝蓋骨的刑罰。

[084] 蹶：ㄐㄩㄝˊ。

田忌很發愁，他是齊國的將軍，如果在賽馬場上輸了實在有些難看，但是家裡的馬和諸位王子的馬比起來，真的又差那麼一點點。孫臏仔細看過雙方的馬匹後，對田忌說：「你儘管下

大賭注，我包你贏。」

田忌相信了他，和諸位王子下千金重注。等到要比賽的時候，孫臏對田忌說：「你用你的下等馬和對方的上等馬比；然後用你的上等馬和對方的中等馬比；最後用你的中等馬和對方的下等馬比。這樣就可以贏對方了。」

田忌按照他的方法和諸位王子進行比賽，果然如孫臏所料，輸了一場贏了兩場，最後贏得賽馬。田忌對孫臏的智慧十分佩服，就向齊王舉薦他。齊王和孫臏倡談兵法，齊王認為他的確是個有才能的人，因此任命他為齊國的軍師。

圍魏救趙

沒多久，魏國攻打趙國，趙國派人向齊國求助。齊王派田忌為大將，孫臏作為軍師輔佐。田忌原本想直接率兵前往趙國與魏國正面交鋒，解除趙國的困境。孫臏卻攔住他，「想解開一團亂絲，不能使勁去扯；想拉開兩個打架的人，不能跳進去硬拉。現在魏國已經把精銳部隊派去攻打趙國，魏國國內肯定都剩下老弱病殘的士兵，為什麼不率領軍隊去攻打魏國？魏國一旦被攻，那些前去攻打趙國的軍隊肯定要立刻掉頭回來救魏國，趙國的困境不就解開了嗎？」

田忌聽從孫臏的意見，前去攻打魏國，魏軍得訊後立刻離開趙國，轉回頭來保衛自己的國家，最終與齊軍在桂陵相遇，並在那裡進行一場大戰，最後被齊軍打得大敗，也就是有名的「圍魏救趙」。

孫臏用他的軍事智慧，讓齊國贏得多場大戰的勝利，雖是殘疾之身，卻能成為齊國的肱[085]股之臣，也最終幫助齊國成為霸主地位。

相關連結：龐涓之死

據史書記載，孫臏和龐涓這一對仇人最終在馬陵之戰中相遇。孫臏知道龐涓是一個十分狂傲輕慢的人，為了迷惑他，就命人每日減少埋灶的數量，造成齊軍在魏國大敗，傷亡慘重的假象。龐涓果然上當，一路猛追，最終被孫臏引到馬陵。

馬陵道路狹窄，兩旁又有很多可以埋伏士兵的地方，孫臏就讓人把路邊一棵大樹的枝葉砍掉，挖掉樹皮，然後在上面刻著：「龐涓死於此樹之下」。龐涓到那棵樹下，看到這幾個字，怒火沖天，舉起火把要燒掉這棵樹。哪知道孫臏早就預料到他會有此舉，便命令左右埋伏的士兵，一旦看到火就萬箭齊射，龐涓根本來不及躲藏，立刻就被射死在樹下。

龐涓和孫臏的故事證明了一句話：最了解你的人是你的敵人。正是因為對龐涓性格的了解，孫臏才會料事如神，將仇人殺死，為自己報了大仇。

---

[085] 肱：ㄍㄨㄥ。

有三千門客的孟嘗君

孟嘗君是戰國四公子之一，他名叫田文，是齊國的貴族，封地在薛國。他在薛國耗費家業，招攬各諸侯國的賓客以及犯罪逃亡的人，把他們收作門客，供吃喝用度。據說他有門客三千，這些門客有的是來混飯吃，有的卻是有真本事，給了孟嘗君很多幫助。

雞鳴狗盜

秦國的昭襄王聽說齊國最有勢力的大臣是孟嘗君，就想把他請到咸陽，讓他做秦國的相國。

孟嘗君帶著一大群門客到咸陽，受到秦昭襄王的親自歡迎。孟嘗君獻上一件純白色狐狸皮的袍子給秦王做見面禮，秦王很高興地接受。

過了兩天，有人跟秦王說：「您怎麼能讓孟嘗君做秦國的相國呢？他可是齊國人，將來遇到事情了，肯定是先為齊國做打算啊！」

秦王一想也對，可是又不想把孟嘗君放回齊國去，於是把他關起來。孟嘗君千里而來，卻沒想到是這麼個情況，著急託人向秦王身邊的一位寵妃求救。寵妃要求用一件白色狐狸皮的袍子作為交換。

這可把孟嘗君難住了，白狐狸皮袍子就一件，已經被秦王收到內庫裡了。這時，他的一位門客對他說：「主公，平日裡受您很多的照顧，我雖沒什麼大本事，卻擅長偷東西，讓我去幫

你把袍子偷回來吧。」

當天夜裡，這個人用自己會學狗叫的絕技騙過看守的人，成功把袍子偷回來。隨即孟嘗君就讓人把袍子送過去給秦王的寵妃，寵妃也沒有食言，央求秦王放了孟嘗君，秦王答應了。

孟嘗君立刻帶著人往齊國跑。到了函谷關，還沒到雞鳴開門的時候，孟嘗君急到不行，怕秦王發現他的行蹤抓他回去，這時候另外一位門客對他說：「小人沒什麼本事，只會學兩聲雞叫。」

於是他學了兩聲雞叫，所有的雞都跟著叫起來。守關的人以為開門的時辰到了，便把大門打開，孟嘗君成功地從秦國逃出，回到齊國。

門客馮諼[086]

孟嘗君覺得多虧那兩位門客，自己才能回到齊國，於是更大規模招收門客。當然，上中下等門客的待遇是不一樣的。

這天，有一個叫做馮諼的老頭子，家裡窮得已斷炊，就投到孟嘗君門下做食客。管事問孟嘗君這個老頭子要算幾等門客。孟嘗君問說：「他有什麼本事嗎？」

「沒聽說，也看不出來。」

[086]　諼：ㄒㄩㄢ。

「那就算下等門客吧！」

過了兩天，馮諼靠在柱子上敲打著自己的長劍，唱唸：「長劍呀，我們回去吧，這裡吃飯沒有魚！」

原來是嫌下等門客的飯菜不好，孟嘗君覺得這人挺有意思，就讓管事替他改成中等門客的待遇。

又過了幾天，馮諼又開始唱歌，「長劍呀，我們回去吧，這裡出門沒有馬車呀！」

孟嘗君也不生氣，配發馬車給他，改成上等門客的待遇。

又過幾天，馮諼又唱歌了，「長劍呀，我們回去吧，這裡沒法養家啊！」

原來馮諼家裡還有一位老母親，孟嘗君就送給他生活用品。這樣一來，馮諼總算不再唱歌了。

「購買」情義

孟嘗君雖然出身貴族，又有封地，但是要維持三千門客的日常開銷，經濟壓力還是很大的。所以他對外放債收利息，用來貼補家裡的費用。

有一次，他讓馮諼去薛城幫忙收債。馮諼走的時候問孟嘗君：「我回來的時候，主公可需要我買些什麼回來？」

孟嘗君一時間也想不出要買什麼，就說：「你看著辦吧，看家裡缺什麼就買什麼！」

馮諼點點頭，告辭前往薛城。到了薛城，他把所有欠孟嘗君債務的老百姓都找來，讓他們拿出欠條作核對。老百姓們正發愁怎麼才能還清孟嘗君的錢，馮諼突然宣布一個驚人的決定：所有欠孟嘗君的債都不用還。他還當場把老百姓的欠條燒掉，老百姓一片歡呼。

馮諼回到臨淄，孟嘗君問他收的錢在哪裡，他就把事情原原本本地說一遍。

孟嘗君很生氣，「你為什麼要擅自做這樣的決定？你把欠條都燒了，我的錢都收不回來，家裡這麼多人吃什麼喝什麼呢？」

馮諼不慌不忙地說：「我臨走的時候，您說家裡缺什麼就讓我買什麼，我看家裡什麼都不缺，就是少了老百姓的情義，所以我幫你把『情義』買回來了。」

孟嘗君無語了，只好揮揮手，「算了吧！」

後來孟嘗君的名聲越來越大，連齊湣[087]王都驚動了。有人在他面前說孟嘗君之所以養那麼多門客，是為了將來奪取他的王位，自立為王。齊湣王相信這些話，把孟嘗君革職，孟嘗君只好回到自己的封地。

馮諼沒有像其他門客那樣散去，而是幫著孟嘗君駕車，送他回薛國。離薛國還有一百里的時候，孟嘗君看見薛國的百姓

---

[087]　湣：ㄇㄧㄣˇ。

扶老攜幼地迎接他。

孟嘗君原本因為革職很失落的心情一下子變得溫暖，他對馮諼說：「先生，您為我買的『情義』我看見了！」

相關連結：難倒父親的孟嘗君

孟嘗君的本名叫田文，他的父親是齊國的靖郭君田嬰。田文出生前，他父親已經有四十多個兒子了。田文是五月五日出生的，田嬰認為這個日子出生的孩子不吉利，就讓田文的母親把孩子扔掉，不要養活他。但是田文的母親捨不得，偷偷地把田文養大了。

田嬰看到長大的田文，十分生氣，質問他的母親：「我讓你不要養活這個孩子，你為什麼不聽？」

田文向他父親行禮，問說：「請問您不讓養活五月五日出生的孩子是為什麼？」

「因為五月五日出生的孩子長大了身子會和門戶一樣高，不利於父母。」

「人的命運難道是門戶決定的嗎？如果是這樣，那你把門戶加高不就行了嗎？難道你加多高我就能長多高嗎？」

田嬰無言以對，只好接受這個孩子。

美男子相國

面對一個愛聽好話的國君，該如何有技巧地指出他的過錯，還能保全自己，不被懲罰？這個問題由戰國時期齊國的相國鄒忌[088]來回答最有說服力。他的諷諫方式充分證明，他是一個美貌與智慧兼備的政治家。

談琴封相

西元前 356 年，齊桓公死後，齊威王即位。齊威王是個公子哥，只顧吃喝玩樂，不理朝政。他最喜歡做的事情就是彈琴，沒事經常一個人在後宮撫琴，自娛自樂。這樣過了九年，朝廷官員逐漸腐化，齊國國力日漸衰敗，周邊的國家也不斷攻打齊國，從齊國搶走許多城池。

齊國已經到了十分危險的時刻，但是身為國君的齊威王卻毫無察覺，依舊每日鑽研自己的琴藝，過得無憂無慮。

有一天，他正在後宮彈琴，經過這些年的苦練，他覺得自己的琴藝已經登峰造極[089]，正在為自己喝采時，突然聽見有人推門進來說：「彈得好！真是好琴藝啊！」

若是一般人見有人誇自己，可能覺得挺好，可是齊威王是

---

[088] 鄒忌：ㄗㄡ ㄐㄧˋ。

[089] 登峰造極：登上峰頂，到達最高處，比喻水準達到最高點。

國君啊，莫名其妙進來一個人，還敢評論他的琴藝，簡直是找死。

「你是誰？竟如此無禮！」

這位就是鄒忌。鄒忌向齊威王行禮，「我叫鄒忌，對彈琴也很有興趣，聽說大王彈琴十分了得，所以特地來聆聽。」

齊威王一聽，這是慕名而來啊，心裡一下就高興起來了，連忙讓他坐下，「你覺得我彈得怎麼樣？」

鄒忌就把齊威王剛才彈的曲子仔細地品評一番，他原本也擅長彈琴，自然說得頭頭是道，齊威王連連點頭，「你果然懂琴啊！」

鄒忌又說：「其實彈琴和治理國家是一樣的道理。」

齊威王一聽，怎麼彈琴說得好好的，又扯到治理國家了？

鄒忌見齊威王有點不高興了，連忙說：「請您聽我說完，看是否有道理。」

「那你說吧，若是說得不對，我可要治你的罪！」

「我認為，彈琴和治理國家一樣，必須專心致志。七根琴弦，好似君臣之道，大弦音似春風浩蕩，是國君；小弦音如山澗溪水，是群臣；應彈哪根弦就認真地去彈，不應該彈的弦就不要彈，這如同國家政令實行，七弦配合協調，才能彈奏出美妙的樂曲，君臣各盡其責，才能國富民強、政通人和。所以，彈琴和治國的道理是一樣的！」

齊威王一聽，有道理呀，「看來先生真的懂琴，請你也彈一首吧！」

鄒忌來到琴桌前，雙手抬起，就像彈琴一樣在琴弦上空撥動，但是手指並沒有碰到一根琴弦。

齊威王怒了，「你要是不會彈就不要裝，你想讓我治你的欺君之罪嗎？」

鄒忌並沒有害怕，他很鎮定地說：「若是我以彈琴為生，自然要去研究如何彈得更好。就像大王您的責任是治理國家，卻把朝政丟在一邊，跑來這裡研究琴藝，那和我擺空架子裝彈琴有什麼差別？」

齊威王這才明白鄒忌想提醒自己要專心自己的主業，也就是治理國家，讓百姓安居樂業。他覺得鄒忌說得很有道理，決定改過自新，還把鄒忌提拔為相國，讓他好好協助自己。

諷諫齊王

齊威王不再彈琴，開始專心治理國家。在他的努力治理下，齊國有了很大的改善，但是齊威王有個毛病，就是不愛聽人家說他的過失。當然，每個人都不愛聽，但是身為國君，很需要別人幫忙指出不足之處，否則會對國家、對百姓有不利的影響。

鄒忌一直在想如何改掉齊威王這個毛病，但是他始終不知道如何開口。直到有一天，他上朝之前發生一件事情。

鄒忌是一位十分高大俊俏的美男子，這天他上朝之前，正在鏡子前很仔細地整理自己的儀容。他覺得自己很帥，回頭問妻子，「我和城北的徐公比起來，誰更好看一些？」因為徐公也是城裡的美男子，一向被人用來和鄒忌相比較。

妻子不假思索地說：「當然是你好看啊！」

鄒忌不放心，又去問他的小妾，小妾很恭敬地說：「當然是您好看。」

鄒忌還是不確定，又問來拜訪他的客人，他的客人也說：「自然是您好看一些。」

沒過兩天，他碰到徐公，他怎麼看都覺得徐公比自己好看，他突然想明白一個道理，連忙跑到宮裡求見齊威王。

「大王，我今天突然想明白一件事情。」

齊威王見他那麼興奮，也很感興趣，「什麼事？」

鄒忌就把這兩天發生的事情說了一遍，然後總結：「我的妻子說我好看，是因為愛我；我的小妾說我好看，是因為怕我；我的客人說我好看，是因為有求於我。所以他們都說我比徐公好看。」

「同樣的道理，您是齊國的大王，如此廣大的領土，如此多的城池，這麼多妃子、大臣，他們有的偏愛您，有的害怕您，有的有求於您，那自然會說很多好話給您聽。現在想來，您不知道受了多少矇蔽呢！」

齊威王一聽，有道理，既然大家都願意說我的好話，我就賞賜那些說我壞話的。他下了一道命令，誰敢當面指出他的過錯，得上等賞賜；敢用書面勸諫，得中等賞賜；敢在公共場所批判我，傳到我的耳朵裡，得下等賞賜。

一時間，齊國人都瘋狂了。每天都有人當面來指責齊威王；寫給齊威王的勸諫書堆得比山高；公共場所到處都是說齊威王不對的人。齊威王都一一給了賞賜。幾個月後，還不時地有人偶爾來進諫；一年以後，即使有人想進諫，也沒什麼可說的。

燕、趙、韓、魏等國聽說這件事後，都派人到齊國來朝見齊王，還把之前從齊國奪走的土地還給齊國。

相關連結：齊威王煮阿城大夫

齊國有兩位大夫，一位管理阿城，一位管理即墨。齊王身邊的人都說阿城大夫管理得好，即墨大夫管理得差，民不聊生。齊威王本來打算懲罰即墨大夫，後來他一想，不能光聽人家說什麼就是什麼，於是他跑去實地考察了一番。

然後他發現事實不是人們說的那樣，他很生氣，回去之後叫人把阿城大夫抓來，當著所有人的面煮了，同時大大賞賜即墨大夫。他說：「你們這些人都得了阿城大夫的好處，所以才在我面前說他的好話。即墨大夫才是真正管理得好的人，我差點被你們這些人騙了。以後誰再敢欺上瞞下、阿諛奉承，下場就和阿城大夫一樣！」

從那以後，齊國人再也不敢亂說話了，個個都老老實實地做好自己的工作。

狠毒丈夫吳起

俗話說無毒不丈夫，意思就是作為大丈夫、大男人，就該狠得下心才能成大事。這種思想對錯姑且不論，戰國時期真有這麼一個狠毒的「丈夫」，為前途殺掉妻子，但是他在政治、軍事上的成就又讓人不得不肯定。這個人就是吳起。

「狠人」吳起

吳起是衛國人，但是他一生都沒有在衛國做過官。他通曉兵家、法家、儒家三家的思想，在內政、軍事上都有極高的成就。

少年時，吳起家中有千金資產。但是，他不是一個安於享樂的人，他利用家裡的錢四處謀求功名，一直都沒能如願。鄉親們都在背地裡笑他，他一怒之下，殺了三十多個譏笑過他的人，然後逃離故鄉。

離開之前，他對母親說：「我若是當不上相國，絕對不會再回到衛國來！」

他到魯國時，正碰上齊國攻打魯國，魯國國君聽說吳起是很會領兵打仗的人，打算任命他為將軍。

但有人對魯國國君說：「這吳起雖然能幹，但是他的妻子是齊國人。現在魯國和齊國如同水火，您讓他當將軍，萬一他背叛魯國，幫著齊國怎麼辦？那您不是引狼入室 [090] 嗎？」

魯國國君聽到這話，心裡也有些犯嘀咕，就把任用吳起的事緩了下來。

吳起聽說這件事情後，回到家把自己的妻子殺了，還將頭顱割下來送到魯國國君面前。魯國國君看著眼前鮮血淋漓的頭顱，大驚失色。

「大王，我現在把妻子殺了，您不會再懷疑我會背叛魯國吧？」吳起跪下說。

魯國國君任用吳起當大將軍，讓他帶領軍隊和齊國作戰。吳起在打仗方面果然很有一套，他一出手就把齊國打敗，為魯國立下汗馬功勞。

但是，吳起為求得前途把自己的妻子殺了，這件事在魯國人心裡留下陰影，大家都覺得這人實在太殘忍，實在不應該得到重用。魯國國君也覺得吳起太狠，因此免除他的將軍之職。

吳起見魯國無法容下自己，只好離開魯國到魏國。

---

[090] 引狼入室：比喻把敵人或壞人引入內部。

助魏敗秦

西元前 409 年，魏文侯任命吳起為主將，攻打秦國的河西地區。吳起率領魏國軍隊很順利就攻下河西地區的臨晉、元里，並修建城牆，把它們變成魏國的領土。

第二年，吳起再次率軍攻打秦國，一直打到鄭縣。秦國節節敗退，最後只能退守洛水，沿河修建防守工事，而魏國把原屬於秦國的河西地區全部占領，並在這裡設立河西郡，吳起便是第一任郡守[091]。

吳起在帶兵方面的確是能幹的人，和秦國作戰期間，他和士兵同吃同住，同甘共苦，從不享有特別待遇，得到士兵們的認可和追隨。

有一次，一個士兵的傷口化膿，吳起竟然親自用嘴幫他把傷口裡的膿血吸出來。這個士兵的母親聽說這件事後，當場大哭起來。

大家都覺得很奇怪，就問她：「你這人真奇怪，你的兒子不過是一個下等士兵，吳起將軍親自為他吸出膿血，你不是應該覺得很榮幸嗎？為什麼要哭呢？」

這位母親回答：「以前，孩子的父親跟著吳將軍打仗，吳將軍也幫他吸過膿血。孩子父親為了報答將軍的恩德，在戰場

---

[091] 郡守：一個郡的最高行政長官。

上拚命殺敵，從不後退，最後戰死了。今天，吳將軍又為我的兒子吸膿血，我的兒子肯定又要和他父親一樣，死在戰場上！你說我丈夫死了，兒子也保不住，那我孤身一人，將來要靠誰呢？我怎麼能不哭？」

正是因為吳起這種體恤士兵的行為，讓他在士兵心中有很高的威信，所以他的軍隊作戰能力很強，常打勝仗。

楚國變法

魏武侯繼位後，吳起被魏國的相國公叔痤[092]排擠，所以離開魏國而來到楚國。西元前382年，楚悼王任用吳起進行變法。

吳起上任後，大刀闊斧，對楚國的舊制度進行改革。他要求國家制定的法律必須公開宣布，對官府命令要嚴加審查，以便新法能夠順利實施。

對於那些受封超過三代的貴族收回爵祿，他還把一些舊貴族遷到荒涼的地方。

同時，減少俸祿開支，把錢用在軍隊的訓練上。且糾正楚國官場損公肥私、讒害忠良的不良風氣，使楚國群臣不顧個人榮辱一心為國家效力。

經過吳起變法後的楚國國力強大，向南攻打百越，將楚國

---

[092] 痤：ㄘㄨㄛˊ。

疆域擴展到洞庭湖、蒼梧郡一帶。但他的變法也招致楚國貴族的怨恨，為自己埋下殺身之禍。楚悼王剛死，吳起就被亂箭射死。

相關連結：吳起之死

西元前 381 年，楚悼王去世了，他的死對於吳起來說，代表著噩夢的開始。沒有最高統治者的支持，之前因為變法拔除舊勢力的利益，被所有的舊貴族恨之入骨，吳起成了大家攻擊的目標。

貴族們用箭射傷吳起，吳起知道自己今天死定了，但是他不甘心就這樣白白死去。於是他帶傷堅持跑到楚悼王停屍的地方，然後把自己身上的箭拔下來插進楚悼王的屍體，大喊：「群臣叛亂，把大王殺了！」

貴族們忙著追殺吳起，根本沒辦法控制箭的走向，最後吳起被殺了，楚悼王身上也插滿了箭，像一只刺蝟。

按照楚國的法律，傷害國君身體是重罪，要被誅滅三族。

楚肅王即位後，就把那些射中楚悼王屍體的人，包括他們的族人，一起被處死，吳起的屍體也被車裂肢解。

吳起的死亡，意味著楚國的變法失敗。

荊軻刺秦

秦王嬴政即位後，一心想要統一中原，成為千古一帝。但是，面對這樣強大的人，也有人勇於以性命相拚，用最直接的方式——刺殺，表達他們對秦王嬴政的憤怒。這就是荊軻刺秦王的故事起源。

刺秦計畫

戰國後期，為了抵抗秦國，燕國和趙國結成同盟，但是由於秦王嬴政的攻勢太猛，秦國的軍事實力又太強，燕趙之間的聯盟很快就破滅，燕國丟了好幾座城。

這個時候，燕國的太子丹已經看到秦國滅燕的未來。他本來是在秦國做人質的，但是看到秦王吞併六國的雄心和決心，於是偷偷跑回燕國，想透過自己的努力阻止燕國成為秦國的口中之食。

但是他沒有像一般人那樣操練兵馬，找其他諸侯聯盟共同抗秦，而是選擇個人英雄主義的方法，也就是找刺客直接把秦王政殺了。

他把自己的家產拿出來，四處尋找能夠刺殺秦王的人。豪俠田光推薦荊軻給他，表示這個人劍術很高，一定能幫助他刺殺秦王。燕太子丹很高興，馬上把荊軻請到自己家裡，把他收在門下，奉為上賓。他把自己的車馬給荊軻享用，和荊軻吃同樣的飯食，穿同等的衣服。荊軻原本不過是一個四處流浪的劍客，能夠得到燕國太子如此對待，心裡充滿感激。

西元前 228 年，趙國首都邯鄲被秦國占領，秦軍揮兵北上，劍指燕國。太子丹十分著急，對荊軻說：「先生，秦國已經逼近燕國，要是靠燕國的兵力去抗擊，一定輸定了。若是找其他國家聯合起來抗秦也不好辦。我想，能不能請一位勇士去見秦王，逼他歸還燕國的土地，否則就把他殺了。你看這樣做行嗎？」

荊軻點點頭，知道太子丹這是希望自己去，「這個辦法不是不可行。不過秦王疑心重，要接近他身邊，必須要帶兩樣東西。」

「什麼東西？」

「督亢的地圖。這裡是燕國最肥沃的土地，一直都是秦國想要得到的地方。」

「這個好辦！第二樣東西呢？」

「樊於期的腦袋。」

太子丹連連搖頭，「這可不行，樊將軍從秦國逃亡出來投奔我，本身就是信任我，我怎麼忍心殺害他呢？」

荊軻見太子丹不願意殺樊於期，因此自己去找樊於期，向他說這個刺秦的計畫。

樊於期本是秦國的將軍，因為兵敗畏罪潛逃，家族親人被秦王殺個精光，所以心裡對秦王恨之入骨。現在一聽荊軻要去刺殺秦王，自然非常樂意幫忙。

他拔出寶劍說：「我死後，請割下我的頭顱助您刺秦！」說完，一抹脖子死了。

有了地圖和頭顱，荊軻就可以出發了。離開之前，太子丹給了他一把沾滿毒藥的匕首，這藥毒性強烈，見血必死。又派一位十三歲的勇士秦舞陽。

荊軻帶著秦舞陽站在易水邊上，對著來送別的太子丹呼唱：「風蕭蕭兮易水寒，壯士一去兮不復還。」

大家都被他壯烈的情懷所感動，留下惜別的淚水。

圖窮匕見

荊軻和秦舞陽到達咸陽，秦王嬴政聽說燕國派使者送樊於期的腦袋和督亢的地圖，這兩樣都是他十分想要的，所以特別高興，吩咐安排在咸陽宮接待燕國使者。

荊軻手捧著裝著樊於期腦袋的木盒，秦舞陽則捧著督亢的地圖，兩人在文武百官的注視下一步一步地走上秦國朝堂的臺階。

秦舞陽雖然是個十三歲就敢殺人的少年，但是畢竟只是在市井之中耍橫而已，到了莊嚴威武的秦國朝堂，再看看兩旁的文武百官，心就怦怦怦地跳起來，呼吸也有點急促。

荊軻感覺出他的害怕，對他使了一個眼神，嘴裡悄聲說：

「鎮定點，別怕！」

秦舞陽點點頭，深吸了一口氣，繼續跟著荊軻往上走。

等到了秦王政的跟前，抬頭看著高高坐在王座上，身材高大、雍[093]容威嚴的秦王，秦舞陽忍不住臉色發白，身體也微微有些發抖。

旁邊的侍衛見他的樣子很奇怪，吆喝了一聲：「使者為什麼害怕？」

荊軻連忙解釋：「這人出身粗野，沒見過大王的威嚴，所以害怕，還請大王原諒！」

秦王點點頭，「那就讓他把地圖交給你，你一起呈上來吧！」

荊軻接過秦舞陽手中的地圖，連同樊於期的腦袋一起送到了秦王面前。

秦王先看了一眼樊於期的腦袋，點了點頭，又讓荊軻把地圖展開。

荊軻慢慢地把地圖展開，秦王很期待地看著地圖，突然，在卷軸的最後出現了一把匕首，說時遲那時快，荊軻拿起匕首，抓住秦王就要刺過去。

可惜那時候的衣袖實在寬大，荊軻這一把只抓住了秦王的袖子，秦王驚得跳起來，扯斷了袖子，逃下王座。

---

[093]　雍：ㄩㄥ。

荊軻舉著匕首追著秦王，秦王在朝堂的大柱子間東躲西藏，文武百官都被嚇呆了，完全忘記呼喊外面的武士進來救人。

這時候，一位專門伺候秦王的醫生驚醒過來，把手裡的藥包向著荊軻扔過去。

荊軻伸手揮開藥包，秦王趁著這個空檔，拔出自己拔了幾次都沒拔出的佩劍，一劍砍斷了荊軻的腳，又衝上去砍了七八劍。

荊軻臨死前笑著說：「總算是報答太子丹的知遇之恩[094]！」

一場預謀充分的刺秦計畫就這樣失敗了，那個膽怯露餡的秦舞陽也被亂刀砍死在朝堂之上。

相關連結：刺秦匕首的故事

荊軻用來刺殺秦王的匕首可不是普通的兵器，而是大有來歷。

燕太子丹為了配一把足夠鋒利的利器給荊軻，四處尋求好匕首。他找遍所有的鑄劍名師，最後在徐夫人那裡花百金購買一把削鐵如泥的匕首，然後在匕首上塗上見血封喉的毒藥，希望一舉殺掉秦王，解決燕國的困境。

徐夫人是誰呢？他不是一位夫人，而是一個男人。他是燕朝有名的鑄劍師，姓徐，名夫人。荊軻刺秦失敗後，秦國還特地派人研究這把匕首，發現它確實很鋒利。他們還特地找來一

[094] 知遇之恩：指得到賞識或重用。

個人來做試驗，發現只是割破一點皮，人立刻就中毒而亡。秦王嬴政覺得自己躲能過這一劫，實在是太幸運了。

兼任六國國相的蘇秦

「學成文武藝，貨與帝王家」，這句話說的就是古代讀書人的最大目標，將自己平生所學展現在君王面前，求得一個好前程。這個「貨」可以理解為販賣，那麼，讀書人其實就是在和帝王做一筆生意。古往今來，這筆生意做得最大的莫過於戰國時期的蘇秦了，他一個人就當了六個國家的相國，實在是風光至極。

合縱策略

蘇秦是戰國時期著名的縱橫家[095]、外交家和謀略家。不過這些「家」都是後人評價的，未發跡之前的蘇秦可是父老鄉親眼中不務正業的典型人物。

蘇秦家裡是農民，他從小就拜鬼谷子為師，和張儀是同學。學成後外出遊歷多年，也沒找到一份好前程，窮困潦倒回到家鄉。家裡的人都笑他整天只知道耍嘴皮子說話，不踏踏實實工作。蘇秦十分慚愧，發誓一定要用平生所學改變這些人的看法。

[095]　縱橫家：指在政治、外交上透過遊說手段進行聯合的人。

他縱觀天下形勢，分析七個國家的強弱對比，最後思索出合縱思想，決定去說服六國一起抗擊秦國。

「合縱」的意思就是會合眾多弱小的國家一起攻擊一個強大的國家，這個強大的國家在當時來說，無疑就是秦國了。

戰國中期，秦國厲行變法，銳意改革，兼併巴蜀，國強地險；而六國彼此消耗，七雄之間不再旗鼓相當，相互制衡。秦國也想打敗其他六國，一統天下，這帶給其他六個國家滅國的危機。但是就算強秦來臨，這六個國家之間還在互相爭鬥，消耗國力。

當時的局勢是以崤山為界，西邊為秦國的領土，其他六國均在東邊，所以又被稱為「山東六國」。蘇秦提出的合縱策略就是透過六國聯盟遏制[096]秦國，維持以崤函、河西為界線的東西兩個策略區域，取得均衡的力量。

有了合縱策略，蘇秦覺得自己可以出門將平生所學「貨與帝王家」了。

遊說六國

蘇秦的第一站是燕國。

沒有一點名氣的蘇秦在燕國等了一年多才見到燕文侯，但

[096] 遏制：制止，控制。

是和燕文侯談論合縱策略後，燕文侯立刻後悔自己沒有早點接見這個年輕人。

「蘇先生，您說得對，我燕國旁邊就是趙國，兩國關係十分緊張，我不去想著如何改善這種關係，反而去操心千里之外的秦國會對我們怎麼樣，實在是太愚蠢了。我想請您做燕國的使者，去趙國說服趙國國君，同意燕趙兩國合縱抗秦。」

蘇秦當然同意了，有了燕文侯的支持，要去下一站就容易多了。於是，他又來到趙國。

趙國和秦國可是國土相鄰的，所以一直都是秦國想要消滅的對象。蘇秦對趙肅侯說：「趙國、韓國、魏國原本就出自晉國一家，國土又相鄰，為什麼不聯合起來共同對抗秦國呢？而且以趙國的實力，完全可以成為六國聯盟的號召者，您可以組建六國聯盟合力抗秦，難道秦國還敢出函谷關嗎？您的霸業豈不是指日可待？」

趙肅侯覺得他說得對，便資助他去說服其他諸侯國加盟合縱聯盟。

蘇秦又來到韓國。韓國在位的是韓宣王。韓國與秦國相鄰，地勢堅固，軍隊幾十萬，兵器先進，蘇秦對韓王說的話裡最重要的一句就是：「大王如此英明，韓國軍隊如此強悍，您卻願意跟隨秦國當小尾巴，真是讓人感到羞恥啊！」

韓宣王一聽，臉色都變了，「我絕不做秦國的尾巴，既然趙王願意組建聯盟，我願意參與！」

說服了韓國，蘇秦就到魏國去說服魏襄王。

魏國地方雖小，但田舍密集、人口眾多、車馬如龍，國勢與楚國不相上下。但是魏國每年要向秦國繳納貢品，在其他五國看來，其實魏國和秦國是一體的。蘇秦就問魏王：「如果秦國有一天翻臉了，來攻打魏國，您覺得誰會來救您呢？」

最後，魏王也同意加入合縱聯盟。

齊國對於蘇秦來說可以算是一塊硬骨頭了。因為齊國和秦國之間還隔著趙、魏、韓三國，雖然齊國實力雄厚，但不想和秦國對抗，所以採取的是順秦政策。

蘇秦很不客氣地說：「齊國人多兵多錢多，地勢又險要，根本不需要懼怕秦國。倒是韓國和魏國，因為和秦國挨著，若是秦國要攻打這兩個國家，十天就可以拿下來，之後可就打到您的面前啦！難道您到時候再和地域遼闊的秦國對抗嗎？為什麼不趁現在加入合縱，和其他五國一起把秦國擋在崤山以西呢？」

就這樣，齊宣王也被說服了，成為合縱聯盟的一員。

最後一位需要說服的是楚威王。楚國和秦國一直都是死對頭，也有稱霸的資本。

蘇秦對楚威王說：「楚國是秦國最大的憂患，您若是主動向秦國表示順從，可算是如了秦國的意。楚強則秦弱，秦強則楚弱，秦楚不能並存。若是參加合縱聯盟，有其他五國的支持，您想要稱王，根本不是什麼難事！」

蘇秦的這句話可算是說到楚威王心裡去了，於是，楚國也被蘇秦拿下。

六國封相

蘇秦遊說完各個諸侯後，六國達成合縱聯盟，團結一致。蘇秦被任命為縱約長[097]，並且擔任六國的相國，同時佩帶六國相印。

合縱成功後，蘇秦自楚北上，途經洛陽。車馬行李、各諸侯送行的使者很多，連周顯王都派人來犒賞。原本看不起蘇秦的家人都跪在地上，不敢仰視他。

蘇秦感慨：「同樣的一個人，富貴了，親戚敬畏；貧賤時，親戚輕視，更不必說一般人了。」於是散發千金，賞賜給親戚和朋友。

相關連結：刺股讀書

蘇秦在未發跡之前，家人都看不起他，妻子看見他連織布機都不停下來，嫂子也不為他做飯，父母連話都不跟他說。蘇秦覺得十分羞愧，就關起門來認真讀書。有時候實在太累、太苦，就拿錐子扎自己的大腿，利用疼痛趕走睏意。腿上的血都流到了腳上，可見他有多麼刻苦。

這就是「頭懸梁、錐刺股」中錐刺股的故事。

---

[097] 縱約長：合縱聯盟的聯盟長。

胡服騎射

戰國時期，諸侯為強大自身，都紛紛進行改革，其中，在軍事方面改革力度最大的就是趙武靈王。他一改漢族傳統觀念，學習塞外少數民族，對傳統的兵制、兵服進行改革，在歷史上留下深遠的影響。

中山國的啟示

西元前 325 年，十五歲的趙武靈王登基。趙武靈王年紀雖小，但是有理想有氣魄，在他還是太子的時候，就在託孤[098]大臣肥義的協助下，以不惜同歸於盡的氣勢，和表面上來弔唁[099]死去的趙肅侯，實際上想趁趙國君位空懸的時候，滅掉趙國的魏、楚、秦、燕、齊五國進行殊死的鬥爭，最終保住了趙國。

經過這場鬥爭，趙武靈王登基後，一心想要改變趙國的現狀，復興趙國。

西元前 307 年，趙武靈王率軍進攻中山，卻被中山國打得節節敗退，還丟了幾個重要的城池。其中讓趙武靈王最想不通的，他和中山國打仗的時候，燕國也來湊熱鬧，從另外一個方向攻打中山國，依然被中山國打退了。

[098] 托孤：臨終前把留下的孤兒託付給別人（多指君主將遺孤託付給大臣）。

[099] 唁：ㄧㄢˋ。祭奠死者並慰問其家屬。

中山國位於趙國和燕國的中間，是一個小國，居然能同時抵抗兩個大國的攻擊，這實在是太不可思議了。趙武靈王不由得去思考其背後的原因。

經過仔細分析，他發現問題所在。趙軍在戰場上表現得十分笨拙，戰車不靈活，在山地更是寸步難行。而士兵，都穿著長袍大袖加上厚厚的盔甲，想動一下都累得很，反觀中山士兵騎著戰馬、穿著輕便、行動自如，趙國士兵怎麼可能會是他們的對手呢。對方一衝過來，趙國士兵就只有丟盔棄甲逃跑。

於是趙武靈王做一個決定，他要改變趙國的兵制、兵服。他找到大臣樓緩商量此事：「我們現在四面都是敵人，往中原擴張是不可能的，那裡大國太多，我們的實力根本不夠，所以只能往北邊的胡地想辦法。不過以我們目前的狀況是不可能的，我們和胡兵比起來實在太不靈活了，根本不是對手。所以我打算讓全體將士改穿胡服，學習騎射。你覺得如何？」

樓緩點頭說：「大王英明！穿胡服，學騎射，的確能改變我們的劣勢！我們一定可以扭轉局勢，打敗胡人。」

胡服騎射

趙武靈王想要透過穿胡服、學騎射來改變趙國的軍事狀態，這種想法是美好的，但是現實卻很殘酷，因為命令一出，迎面而來的是各種反對意見。

「我們怎麼能穿胡服呢？那可是那些山林裡的野蠻人穿的衣服，太失身分了！」

「對啊，中土禮儀之邦，怎麼能自降身價去向那些胡人學習呢？」

趙武靈王不管大家的議論，率先穿起胡服。大家見國君都穿上了胡服，就不好多說什麼，但還是不願意穿胡服。

趙武靈王有一位叔叔叫公子成，是一個很有影響但是思想保守的老臣。他一直都反對趙武靈王胡服騎射的想法，見趙王堅持要穿胡服，就乾脆不再上朝，以此表示抗議。

趙武靈王親自去找公子成談話。

「您是我朝的老臣，朝內朝外都很有聲望，請您支持我的決定！」

公子成施禮說：「請大王原諒，老臣不敢支持。我們中原地區一直都是聖人教化之地，行的禮樂法度是胡人們十分嚮往的。現在，我們不堅持這樣好的傳統，反而去向那些野蠻的胡人學習，這不是倒退嗎？老百姓也不會支持，請您三思！」

「穿胡服、學騎射正是我三思的結果。我們和中山國的戰鬥您也看到了，區區中山國就能把我們打得節節敗退，我們的老百姓落在他們手裡都得受盡屈辱。我作為趙國的君王，實在不想看到這樣的局面。胡服騎射並不代表丟掉祖宗的禮樂法度，只是學習胡人比較好的部分，為我們所用而已。」

中山國之戰給了公子成巨大的震撼，所以趙武靈王的話說服他。他第二天就穿著趙王賜給他的胡服上朝了。公子成都接受了胡服騎射的政令，其他人也就沒什麼好反對的。於是趙國人不分貴賤，都穿起胡服來。再過一段時間，大家都發現胡服的確比以前的衣服方便很多，也對趙武靈王的決定心悅誠服[100]了。

趙武靈王用胡服騎射的政策建立了一支人數眾多、訓練有素的騎兵隊，然後他率領這支騎兵隊襲擊中山國，攻破林胡和樓煩，把趙國的疆土擴展到北胡之地。

趙武靈王的胡服騎射，改變中原各國的軍事作戰方式，從此戰車退出歷史舞臺，被騎兵所取代。趙國也逐漸變得更強，成為六國中唯一能與秦國抗衡的大國。

相關連結：被餓死的太上王

趙武靈王提倡胡服騎射，提升趙國的軍事實力，讓趙國的國土得以擴張，實力增強。為了能更專心地征戰四方，擴張趙國領土，他決定提前把自己的王位傳給太子。

趙武靈王一共有兩個兒子，一位叫趙章，一位叫趙何。趙何是趙武靈王的第二個妻子吳娃所生，因為趙武靈王很疼吳娃，所以便把原太子廢掉，立趙何為太子。他傳位給趙何，也就是趙惠文王，而只是給趙章一塊封地，在代地。

趙武靈王把朝政交給太子趙何，自己則稱為太上王。他領著軍隊四處征戰，為趙國奪取廣闊的領土，便有了一統天下的

[100] 心悅誠服：誠心誠意地佩服或服從。

心，還想把王位從兒子手中奪回來。

趙何的王位坐得好好的，自然不願意還回去。趙章本來應該是太子，卻莫名其妙被廢，也不甘心，一直意圖造反。於是趙武靈王利用兩個兒子之間的矛盾，讓他們先爭鬥，然後自己坐收漁翁之利。

但是由於趙惠文王治理國家有方，得到很多大臣的支持，趙武靈王重奪王位的計畫失敗。最後被關在沙丘的宮中活活餓死，成為歷史上有名的被餓死的太上王。

完璧歸趙的藺相如

一塊璧玉，換取十五座城，原本是一次穩賺不賠的好交易，卻讓負責交易的人擔驚受怕，差點命喪當場，最終這次交易以失敗告終。這就是完璧歸趙的故事，故事的主角藺相如有勇有謀，膽色過人，令人敬佩。

請纓送璧

趙惠文王無意中得到價值連城的和氏璧，他很高興，並將這塊壁玉視為國寶。不過這件事很快就傳到秦國，被秦昭襄王知道了。

秦國和趙國一直都在彼此較勁，秦昭襄王想試探一下趙國的實力，就派使者拿著國書去拜見趙惠文王，說秦王願意讓出十五座城池來換取趙惠文王手上的和氏璧，希望趙王能夠答應。

這個要求可把趙國的人難住了。萬一答應了，可是秦國食言不給趙國城池，趙國也沒實力去和秦國戰鬥，等於白白把一塊和氏璧送給秦國。若是直接拒絕怕得罪秦國，秦國派軍攻打趙國，這損失可就大了。趙王和大臣們商量半天，也拿不定主意。

這時候，有人向趙王推薦了藺[101]相如，說這個人聰明，有見識，也許有辦法解決眼前這個難題。

藺相如來到趙王面前，「秦國強，趙國弱，不答應是不行的。」

趙王很擔心地說：「可是如果把和氏璧送去，秦國收下璧玉，不給城池怎麼辦？」

藺相如分析：「秦國願意拿十五座城池來換和氏璧，這個價錢已經很高了，若是趙國不答應，也說不過去。可是和氏璧送過去後，秦國不給城池，就是秦國食言，錯在秦國，我們寧可讓秦國來擔這個錯。」

趙王還是很擔心。

---

[101]　藺：ㄌㄧㄣˋ。

藺相如主動請纓[102]，「請大王派我送和氏璧去秦國吧，如果秦國交城，我就把和氏璧留在秦國，如果不交的話，我保證把和氏璧帶回來。」

趙王這才放心地把和氏璧交給藺相如，派他出使秦國。

秦宮鬥智

藺相如帶著和氏璧來到秦國都城咸陽，秦昭襄王在別宮裡接見他。

藺相如把和氏璧獻上，秦王很高興，拿著和氏璧翻來覆去地看了又看，一邊看還一邊感嘆：「好玉啊！好玉！」

一邊說著一邊把和氏璧遞給身後的美人以及左右侍臣，讓大家傳著看。所有人都表示讚嘆，覺得和氏璧真是無價之寶。

藺相如看著秦國這些人只顧著看和氏璧，根本沒有人提城池的事情，心裡就有所警覺，但是現在和氏璧在人家手上，怎麼辦呢？

他皺了皺眉，上前對秦王說：「大王，和氏璧有一個瑕疵[103]，請讓我指給您看看。」

秦昭襄王信以為真，就把和氏璧遞給他。藺相如一拿到和氏璧，立刻退到大柱子旁邊，高高舉起和氏璧，做出要砸璧玉

[102]　請纓：指請求殺敵或請求給予任務。
[103]　瑕疵：ㄒㄧㄚˊ　ㄘ。微小的缺點。

的樣子。

秦昭襄王被他嚇了一跳，連忙阻止，「先生這是做什麼呢？」

「我看大王根本沒有誠意和趙國交換，若是秦國打算硬搶，我就讓自己的腦袋和這塊璧玉一起撞在柱子上！」

「別別別！誰說我沒有誠意了？快，來人，把地圖給我拿來！」

侍臣送上地圖，秦昭襄王就把打算劃給趙國的十五個城池一一指給藺相如看。藺相如身子根本沒有離開柱子，他對秦王說：「我們趙王對這件事十分重視，在我出發之前齋戒五天，還舉行隆重的送璧儀式。大王如果有誠意，也請齋戒五天，然後舉行一個隆重的接璧儀式。」

秦王根本不擔心藺相如耍花招，這可是在秦國的地盤上，就答應藺相如的要求，派人把藺相如送到使者客棧去歇息。

完璧歸趙

藺相如一回到客棧，立刻讓一個隨從打扮成生意人，帶著和氏璧偷偷從小道回趙國了。

五天過去了，秦昭襄王派人來請藺相如帶著和氏璧參加儀式，藺相如鎮定自若地走進秦宮朝堂。

秦王說：「我已經按照你的要求齋戒，又舉行隆重的儀式，你可以把和氏璧拿出來了吧？」

藺相如笑著說：「秦國自秦穆公以來，前後二十幾位君主都不是講信義的人，我怕被欺騙，就讓人先把和氏璧送回趙國去了。請大王治我的罪吧！」

秦王氣得吹鬍子瞪眼睛，「你說我不講信義，你才是騙人的人！」

「大王請息怒，」藺相如鎮定地說，「天下人都知道秦國強，趙國弱。從來都是強國欺負弱國，哪有弱國欺負強國的道理？大王如果真的想要和氏璧，不妨先把十五座城池劃給趙國，然後打發使者跟我回趙國去取。趙國得到城池後，不敢不交和氏璧給秦國。」

秦昭襄王聽藺相如說得振振有詞，不好翻臉，只得說：「不過是一塊璧，不應該為這件事傷了兩家的和氣。」

就這樣，藺相如安全地回到趙國，趙惠文王認為他有勇有謀，是個能幹的人才，就把他提拔為上大夫。秦昭襄王透過這件事了解到趙國還有藺相如這樣的人才，知道現在還不是和趙國鬧翻的時候，也就不再提交換的事情。

相關連結：和氏璧的故事

春秋時期，楚國有一個叫卞和的琢玉能手，得到一塊玉。卞和捧著璞玉去見楚厲王，厲王命玉工檢視，玉工說這只不過是一塊石頭。厲王大怒，以欺君之罪砍下卞和的左腳。

厲王死後，武王即位，卞和再次捧著璞玉去見武王，武王又命玉工檢視，玉工仍然說只是一塊石頭，卞和因此又失去了右腳。

武王死後，文王即位，卞和抱著璞玉在楚山下痛哭了三天三夜，眼淚流乾了，接著流出來的是血。文王得知後派人詢問為何，卞和說：「我並不是哭我被砍去了雙腳，而是哭寶玉被當成了石頭，忠貞之人被當成了欺君之徒，無罪而受刑辱。」

於是文王命人剖開這塊璞玉，果真得到一塊稀世之玉，命名為和氏璧。

負荊請罪的廉頗

荊條向來是用來教訓他人的工具，卻有人自己揹著荊條送上門去請別人打自己。這個人就是廉頗。他作為趙國的堂堂大將軍，為什麼要這麼做呢？他希望打他的那個人又是誰？

澠池[104]交鋒

秦昭襄王一心想要趙國屈服於他，派兵侵占趙國的一些領土。西元前279年，他請趙惠文王到秦城澠池會見。

澠池是秦國的地盤，趙惠文王作為一個主君到別人的地盤去，危險肯定是有的。所以趙國有的大臣就建議趙惠文王不要去，怕被秦國扣留，到時候趙國就麻煩了。但是朝中有兩個人卻認為應該去，否則就是向秦國示弱，將來秦國就更囂張了，對趙國沒有好處。

[104] 澠池：澠，ㄇㄧㄣˇ。澠池，地名，位於河南。

這兩個人就是大將軍廉頗和大夫藺相如。廉頗是戰國四大名將之一，勇猛善戰，深得趙惠文王的信任。而藺相如則因和氏璧一事成為趙惠文王眼前的紅人。這兩人堅持讓趙惠文王去澠池和秦昭襄王會面，趙王決定冒一次險。

他帶著藺相如一起去，留下廉頗在國內輔助太子管理朝政，另外又安排幾萬兵馬在趙國邊境駐守，隨時準備接應。

一切都準備就緒後，趙王在預定會見的日期趕到澠池，和秦王會面。秦王為此舉行宴會，兩個國君喝酒談天，十分融洽。

秦王帶著幾分醉意，對趙惠文王說：「本王聽說趙王的瑟[105]彈得很好，能不能請趙王現場彈一曲，以助酒興呢？」

奏樂助興是樂工的事，在當時來說是十分低賤的工作，秦王卻要求身為一國之君的趙王彈瑟助興，這是十分不禮貌的。當然，也可以看出這是秦昭襄王在試探趙王的底線。

趙王不好推辭，隨便彈了一段。

秦國的史官當場把這件事記下來：「某年某月某日，秦王和趙王在澠池相會，秦王令趙王彈瑟。」

趙王十分生氣，卻礙於趙國比秦國弱，不敢當面撕破臉。這時候，藺相如拿了一個缶[106]來到秦王面前，跪下說：「趙王聽

---

[105] 瑟：ㄙㄜˋ。古代絃樂器，像琴。

[106] 缶：ㄈㄡˇ。古代一種瓦制的打擊樂器。

說秦王擅長秦國的樂器，這裡有一個缶，請大王也敲幾下助興吧。」

秦王氣得臉色都變了，轉頭不理藺相如。

藺相如眼中閃爍著憤怒的光芒，「大王這樣也太過分了。秦國雖然強大，但是我現在離您只有五步，我可以把我的血濺到大王身上。」

秦王被嚇了一跳，見藺相如態度十分強硬，就勉強用木棒敲了幾下缶。

藺相如立刻回頭吩咐史官：「記下來！某年某月某日，趙王和秦王在澠池相會。秦王為趙王擊缶。」

秦國那邊有大臣不滿意了，站起來說：「請趙王割十五座城替秦王賀壽！」

藺相如毫不相讓，也站起來說：「請秦王把咸陽讓給趙王，替趙王賀壽！」

秦王見場面十分緊張，他早就得知趙國大軍在邊境駐紮，就笑著說：「今天是本王和趙王相會的日子，大家不要再說了，輕鬆一點！」

就這樣，兩國澠池之會總算圓滿結束，趙王也平安回到趙國。

負荊請罪

藺相如兩次出使，讓趙國在強大的秦國面前保住顏面，立下大功，趙惠文王更加信任他，任命他為上卿，地位在廉頗之上。

這可就讓廉頗不高興，「我廉頗的功勞是一刀一槍用命拚回來的，他藺相如有什麼本事？不過是上嘴唇碰下嘴唇，說幾句話就爬到我頭上來了？等我見到他，一定要讓他好看！」

藺相如知道這件事後，就裝病不上朝。有一次，藺相如坐車出門，遠遠地看見廉頗的馬車，就命令車伕把馬車趕到一個巷子裡，等廉頗的馬車過去再出來。

藺相如身邊的門客見他這樣，十分氣憤，「您有什麼好怕的？他廉頗還能把您怎麼樣嗎？」

藺相如笑著說：「我問你們一個問題，廉將軍和秦王相比，哪一個勢力更大？」

「當然是秦王。」

「在秦王面前我都沒有怕過半分，我又怎麼會害怕廉將軍呢？」

「那您為什麼要躲著他？」

藺相如嘆了一口氣，「趙國國力比秦國弱，秦國又一直都對趙國虎視眈眈[107]。現在秦王沒有對趙國動手，是因為文臣有我

[107] 虎視眈眈：形容貪婪而兇狠的注視。

藺相如，武將有廉頗將軍。若是我們倆鬧矛盾，傳到秦王耳朵裡，那秦王就沒什麼好擔心的。到時候趙國可就真的要有大麻煩啦！」

這話傳到了廉頗耳朵裡，他對自己的心胸狹隘十分羞愧。於是他裸著上身，揹著荊條，跑到藺相如家裡請罪。

「藺大夫，我是一個粗人，見識少，氣量狹窄，不知道您竟然對我如此容忍。我實在太羞愧了，請您責打我吧！」

藺相如連忙把他扶起來，「廉將軍說哪裡話？你我都是趙國的大臣，您能體諒我，我已經十分感謝，怎麼還擔得起您來賠禮道歉呢？」

兩人言歸於好，成了知心好友，一起用心輔佐趙王，讓秦國不敢再侵犯趙國。

相關連結：廉頗老矣，尚能飯否？

趙惠文王死後，廉頗又輔佐孝成王、悼襄王兩位君王。他雖然替趙國立下汗馬功勞，但是到悼襄王的時候已經不受重用了。他很生氣，就到魏國居住。後來趙國又和秦國打仗，趙王想讓廉頗回趙國領軍。但是他擔心廉頗已經老了，沒有力氣打仗，於是決定先派一個使者去查探一番。

廉頗有一個死對頭叫郭開，他不想讓廉頗重新回趙國掌權，悄悄給使者很多錢，讓使者想辦法不讓廉頗出頭。使者收下錢後，來到廉頗的宅子。

廉頗知道這個使者的來意，當著他的面吃了一斗米的飯和十斤肉，又很俐落地披甲上馬，表示自己沒有老，還能帶兵打仗。

使者回去後，對趙王說：「廉將軍雖然老了，但是吃飯還可以。只是吃過飯和臣才坐了一會兒，就去拉了三次大便。」趙王一聽，廉頗的身體還是不行了，就放棄重新起用他的想法。

紙上談兵的由來

一場戰爭坑殺四十萬人，一場戰爭讓一個強國戰鬥力銳減，一場戰爭留下一個成語 —— 紙上談兵。這就是長平之戰，發生在秦國和趙國之間的殘酷戰爭。

反間計

魏國人范雎做秦國的宰相後，提出「遠交近攻」的策略，意思就是對於比較遠的敵人先和他交好；對於比較近的敵人就要對他進攻。秦昭襄王根據這個策略，首先攻打魏國，然後轉向韓國。

西元前 262 年，秦國占領韓國的野王，切斷上黨郡和本土的聯繫。韓國國君在秦國大軍的威逼下決定把上黨郡獻給秦國，上黨郡守馮亭卻不願意，決定把上黨郡十七座城池獻給趙國，然後讓趙國來和秦國對抗。

趙孝成王在平原君等大臣的支持下，決定接受上黨郡的獻地，並派平原君去接收城池。接收城池之後，自然還要考慮到防禦的問題。趙孝成王問平原君：「接受上黨郡的土地，秦軍必定會派白起來進攻，我們能派誰抵禦呢？」平原君說：「白起強悍，我們唯有勇猛善戰的廉頗可以和他對抗了。」

趙孝成王聽從了平原君趙勝的計謀，封馮亭為華陽君，派平原君去上黨郡接收土地，同時派廉頗率軍駐守長平，以防備秦軍來攻。

秦國果然對趙國的做法不滿意，決定出兵攻打趙國。秦國派出的將領是王齕[108]，攻打的地方是上黨郡。

趙孝成王連忙派廉頗去救援，還沒趕到，上黨郡就被秦軍攻占了。王齕還想進攻長平，廉頗帶著大軍守住陣地，讓士兵們修築堡壘，深挖壕溝，做好和秦軍長期作戰的準備。

王齕三番二次的向趙軍挑戰，廉頗卻死守陣地，就是不出兵交戰。因為廉頗心裡清楚，秦軍是遠道而來，他們之所以這麼著急攻城，就是擔心時間長了糧草供應不上。廉頗打的就是消耗秦軍的實力，然後伺機攻打秦軍的主意。

王齕沒辦法，派人回報秦昭襄王，問怎麼解決這個問題。

范雎出主意給秦昭襄王：「要想打敗趙國，必須把廉頗從長平調走，否則我們沒有勝算。」

---

[108] 齕：ㄏㄜˊ。

「這調動大將可是趙國國君的事，我們能有什麼辦法？」

范雎笑了笑，「我們就用反間計[109]。」

趙括上任

沒過多久，趙國朝廷上下傳出一種聲音，「秦國怕讓年輕力壯的趙括帶兵，廉頗不中用，已經老啦！這麼久都不敢出兵，肯定是快要投降了！」

趙孝成王把這話聽在耳裡，他也在嘀咕，廉頗和秦軍對抗這麼久，也沒見出一兵一卒，是不是真的老了，膽子小了？趙括年輕力壯，也許更適合和秦軍對抗。

趙括是趙國名將趙奢的兒子。趙括小時候愛學兵法，談起用兵的道理來頭頭是道[110]，自以為天下無敵，連他父親也不放在眼裡。

趙王把趙括找來，問他能不能打退秦軍。

趙括很傲然地說：「若是他們派白起過來，我還要費點腦子。但現在是王齕帶軍，也就廉頗害怕他，當他是個對手，在我看來，根本不堪一擊。讓我去長平的話，肯定能打敗他。」

趙王聽了很高興，就拜趙括為大將，讓他去代替廉頗。

---

[109] 反間計：指用計使敵人內部不團結。

[110] 頭頭是道：形容說話或做事很有條理。

藺相如知道趙王的決定後勸阻：「趙括只是一個死讀兵書的人，不會臨陣應變，怎麼能做大將呢？」

趙王覺得藺相如和廉頗私交甚好，認為他是為廉頗說話，因此不聽他的意見。

趙括的母親也請求趙王不要派趙括去，因為趙奢生前說過，趙括只會在嘴巴上談論兵法，用兵打仗在他看來跟兒戲一樣。若是將來成為趙國的大將，趙軍會斷送在他手裡。

趙王依然堅持己見，派趙括去長平。

西元前 260 年，趙括領二十萬大軍來到長平，和廉頗交接兵權，廉頗回到邯鄲，留下趙括鎮守長平。

原本廉頗在長平實行的是堅守陣地的策略，趙括一來就把這些制度廢除了，還說：「秦國再來挑戰，我們就迎頭打回去。若是對方逃跑，我們就死追到底，殺他們個片甲不留。」

圍殲趙軍

秦國知道趙括替代廉頗成為長平守將之後十分高興，他們的反間計成功了。於是秦王祕密派遣白起作為上將軍，去長平指揮秦軍戰鬥。

白起十分了解趙括的性格，知道趙括是一個目空四海[111]、盲目自大的人，於是他布置好埋伏，去發起挑戰，又故意打了好幾場敗仗。

趙括打了勝仗，十分得意，「我說得沒錯吧，只要我出手，

[111] 目空四海：一切都不放在眼裡，形容驕傲自大，什麼都看不起。

秦軍只能節節敗退！」

他指揮趙軍乘勝追擊，白起讓秦軍假裝逃跑，把趙軍引到布置埋伏之處，然後派出兩萬五千精兵切斷趙軍退路，另外派五千騎兵直衝趙軍大營。四十萬趙軍就這樣被分成兩部分，相互之間不能救援。

趙括沒辦法，只好築起堡壘堅守陣地，等待救兵和糧草。可是秦昭襄王又另外派兵把趙國的救兵和糧草截住了。

被圍困的趙軍，內無糧草，外無救兵，堅守四十多天，士兵們都失去了戰鬥的信心。趙括帶領軍隊向外衝殺，想要突破包圍圈，卻被秦軍射死。主將已死，士兵們也紛紛投降。

可惜投降也沒能保住他們的性命，白起命令秦軍把這四十萬人全部活埋。趙國得知消息後，全國上下一片震驚。長平一戰，趙國元氣大傷，再也無力單獨和秦國全面對抗。

相關連結：殺神白起

白起，又叫公孫起，他帶領秦軍征戰六國，為秦國統一天下立下了汗馬功勞。他一生打過大小七十多場仗，從來沒有敗過。長平一戰，是中國歷史上最早、規模最大的圍殲戰。據梁啟超考證，整個戰國期間共戰死兩百萬人，白起就殺了其中的二分之一。

所以，白起是戰國時代的名將，也是令人聞之膽寒的殺神。

鐵錐露鋒芒

我們今天用「毛遂自薦」來形容自己推薦自己，殊不知，毛遂是確有其人。他一直默默無聞，直到抓住一次關鍵的機會，表現自己的智慧。他還把自己比喻成一把藏在布袋裡的錐子，這是怎麼回事呢？

第二十個人

西元前 260 年，長平之戰中趙國慘敗；西元前 257 年，秦軍包圍趙國的都城邯鄲，趙國滅國的危機來臨。

趙國雖然竭力反抗秦軍，但是長平之戰耗費趙國的大部分國力，一直沒能得到恢復，根本沒有足夠的力量和兵強馬壯的秦軍抗衡。趙孝成王讓平原君趙勝想辦法向楚國求救。作為趙國的相國，又是趙王的叔叔，平原君決定親自出馬，和楚王商談聯合抗秦的事情。

當然，他不可能一個人去，他決定組成一個出使團，這個出使團規模不大，但是必須個個都是菁英。平原君是戰國四公子之一，平時也是禮賢下士，養了三千門客。本以為從這三千人中挑二十個出來是很容易的事情，誰知道文武全才的人實在太難找了，挑來挑去也只有十九個，就差一個人。

平原君看著下面的門客發愁，這時候，一個坐在最末尾的門客站起來說：「我能不能和您一起去楚國？」

平原君看著眼前這個人，似乎從來沒有見過，他很驚訝有人會主動推薦自己，就問：「你叫什麼名字？來我這裡多長日子了？」

那個門客說：「我叫毛遂[112]，到這裡已經三年了。」

平原君搖搖頭，「你不行，不能和我去楚國。」

「為什麼？」

「有才能的人就如同一把錐子，你把它放進口袋裡，它很快就會戳[113]出一個小洞，露出鋒利的錐尖。你都來我這裡三年了，我對你卻一點印象都沒有，這說明這三年裡，你並沒有表現出與眾不同的才能。所以，我認為你不行。」

毛遂說：「我之前是還沒被放進口袋裡，所以一直都沒有在您面前有任何表現，今天才讓您看見我這把錐子，若是早點讓您把我這把錐子放進口袋裡，大概早就戳穿口袋掉出來了，哪裡還只是冒個尖就完啦！」

其他門客發出一陣陣嘲笑，覺得這毛遂臉皮真厚，說起大話來一點都不臉紅。平原君倒是覺得他勇氣可嘉，口才也不錯，反正也找不到更合適的人，乾脆就讓他進使團，湊個數！

於是，毛遂就成了出使團一員，跟著平原君前往楚國。

---

[112] 遂：ㄙㄨㄟˋ。

[113] 戳：ㄔㄨㄛ。

鋒芒畢露

平原君見楚考烈王，和他商談聯合出兵抗秦的事情。楚國這時候國力已經不算強，所以對於出兵抗秦一事有些猶豫。平原君說得口都乾了，楚王還是不鬆口答應出兵。

毛遂和其他十九位門客按照禮儀，不能參與平原君和楚王的會談，都等在朝堂外的臺階下面。從早上一直等，一直等到了大中午，也沒見平原君從裡面出來。

門客們都有些不耐煩了，覺得楚王也太磨嘰了，有人便想起毛遂在國內的一番豪言壯語，就故意用話激他：「毛先生，您這把鋒利的錐子怎麼還不從口袋裡掉出來啊？」

「是啊是啊，毛先生，今天這談判能不能成功就看你的了！」

門客們一半是無聊，一半是擠對[114]，因為毛遂又不是什麼文武全才，只是說了幾句話就跟他們一起來了楚國，大家心裡都有些不樂意。

毛遂自然知道這些人在想什麼，不過他的確也是等得不耐煩了，就笑著對門客們說：「各位就看我的吧！」

毛遂把身上的寶劍整了整，邁步走上臺階，對著朝堂裡大喊：「合作不合作，不過是幾句話的事，怎麼從早上說到現在還

---

[114] 擠對：逼迫使屈從。

沒說清楚？」

楚王很不高興，問平原君：「什麼人如此無禮？」

平原君後悔帶毛遂出來了，你說你沒能力就算了，怎麼還惹禍？這楚王乃是一國之君，你說話怎麼也不注意一下禮節？

他很抱歉地回答：「是我門下的一位門客，不太會說話，請楚王見諒。」

楚王一聽不過是個門客，看平原君的樣子也不是很重視，就板著臉說：「我和你的主人正在商量國家大事，你有什麼資格多嘴？快下去！」

毛遂把寶劍一摸，「我主人在這裡，還輪不到你來罵我！」

楚王以為他要拔劍砍人，只能很忍耐地說：「你有什麼想法，就說吧！」

毛遂說：「我聽說楚國地廣人多，原來也是一個稱霸的國家。沒想到現在秦國發展起來，楚國連連打敗仗，堂堂國君當了人家的俘虜，還死在了秦國。在我看來，這是楚國的一大恥辱，一個小小的白起帶著幾萬人就把你們的國都奪了，逼得你們遷都，這是更大的侮辱。我這個外人看著都害臊，沒想到楚王您倒是心寬，居然不想著去報仇雪恨，還跟我們主人推三阻四。我們主人找您聯合出兵，又不是單單為了趙國，也是為了楚國啊！」

毛遂毫不留情的言語讓楚王臉紅筋脹，他點頭說：「先生說得對，我答應和趙國合作抗秦了。」

「請您與我主人歃血為盟[115]吧！」

楚王歃血後，平原君和毛遂也當場歃了血。楚、趙結盟以後，楚王就派春申君黃歇為大將，率領八萬大軍奔赴趙國。

相關連結：平原君殺妾

平原君是趙國的相，著名的政治家，因善於養士位列戰國四公子之一。

有一天，有一個跛子路過平原君家，他的小妾在樓上看見了，覺得跛子一瘸一拐走路的樣子很可笑，就大笑起來。跛子聽見後，抬頭看了她一眼，沒說什麼就走了。

第二天，跛子就來找平原君。他跪在平原君面前，「您的小妾無故嘲笑我，實在無禮，請您殺了她！」

平原君口頭答應了，卻沒有動手，把這件事忘記了。沒過多久，他的門客紛紛離去，走了一半。他覺得很奇怪查問詳情，才知道門客們認為平原君重女色，輕士人。平原君連忙殺了小妾，還親自上門向跛子道歉，門客們得知消息後又陸陸續續地回到他門下。

---

[115] 歃血為盟：歃，ㄕㄚˋ。歃血為盟，古代舉行盟會時飲牲畜的血或嘴唇塗上牲畜的血，表示誠意。

作法自斃的商鞅

漢語中有一個成語叫「作法自斃」，意思是自己立法反而使自己受害。這個成語一開始說的就是商鞅。商鞅是讓秦朝從一個弱國變成戰國七雄之首、最終統一六國的重要奠基人物，是如何作法自斃的呢？

南門立木

戰國初年，秦國的國力和楚、魏等國比是比較落後的。西元前 361 年，秦孝公繼位。這位年僅二十一歲的君王有著遠大的目標，他想讓秦國變得強盛起來，不再受其他國家的壓迫。為此，他廣招天下賢士，希望找到一個有能力的人來實行變法，幫助秦國改變落後貧困的局面。

這時候，有一位從魏國來的人知曉秦孝公的想法，這個人就是公孫鞅[116]，因為他後來的封地在商，所以又被稱做商鞅。商鞅很擅長法律方面的事情，但是他在魏國一直沒有得到重用。現在秦孝公廣納賢人，他覺得自己的機會到了，就來到秦國。

果然，秦孝公在聽了他講的強國方法之後十分有興趣，和他談了幾天幾夜也不覺得厭煩。於是，秦孝公請商鞅在秦國實

[116]　鞅：一ㄤ。

施變法[117]。

商鞅卻沒有著急變法，他知道自己在秦國還沒什麼威信，說的話也沒人聽。於是，他想了一個辦法。

[117] 變法：指歷史上對國家的法令制度做重大的變革。

他讓人在都城的南門立了一根長圓木，然後貼告示說若是有人能把這根木頭扛到北門去，就能得到五十兩賞金。一開始誰也不相信，後來有一個人抱著試一試的心態把這根木頭從南門扛到了北門，果然領到了五十兩賞金。大家這才對商鞅的話深信不疑，這也為他以後實施變法奠定基礎。

首次變法

商鞅是一位做事十分穩妥的人，他要實施變法，卻也知道人的本性是不容易改變的。一旦變法開始，有人的利益會受損，那反對他的人就冒出來。為減少變法的壓力，他把變法分為兩次。

第一次變法，他主要是對秦國現有的一些弊端進行改進。

從軍事上說，秦國實行的是宗室貴族世襲特權制。簡單地說，如果有一個人建立軍功，就會變成宗室貴族，他的軍功、爵位和俸祿等會世世代代地傳下去，他的子子孫孫們再也不用發愁了。這樣的制度導致的結果，自然是很多人躺在祖先的功勞簿上過日子，不用勞動就有錦衣玉食等著他們。

商鞅對此做了改革，規定只有建立軍功的人才有資格享受宗室貴族的待遇，而且還要按照軍功大小進行分等對待。因此，之前沒有立過軍功，只是在享受祖先功勞的人就變得一無所有了。

從農業上說，他要求農民想辦法多生產糧食和布帛，產量到一定程度的人可以免除官差。所以，很多人為了免除官差，就會想辦法提高糧食產量，開墾荒地，擴大耕地面積。若是因為偷懶而貧窮的人，本人連同妻子兒女都要被罰做官府的奴婢。

透過第一次變法，秦國的農業生產增加了，軍事力量也強大不少。不久，秦國進攻魏國西部，從河西打到河東，把魏國的都城安邑也打下來。

二次變法

西元前 350 年，商鞅又實行了第二次改革，有了第一次成功變法做基礎，這一次商鞅的動作很大。

秦國當時實行的還是從西周開始盛行的井田制。井田制就是土地劃分為許多方塊，且形似「井」字，田塊之間有寬闊的大路。商鞅為了最大限度地使用土地，就廢除井田制，把這些大路挖開剷平，也用來種莊稼。再鼓勵開荒，誰開墾的荒地就歸誰所有。這就是所謂的「廢井田、開阡陌」[118]。

另外，為了方便秦王管理，他還建立了縣的組織，由國家直接派人進行管理。

他還在秦國範圍內統一度量衡[119]，這個措施有利於商品的

[118] 阡陌：ㄑㄧㄢ　ㄇㄛˋ。田地中間縱橫交錯的小路。
[119] 度量衡：計量長短、容積、輕重的標準的統稱。

長途交流，對秦國的經濟有很大的促進作用。商鞅所進行的變法是戰國時期持續時間最長、涉及面最廣、對社會觸動最大的一次變法。如此大規模的改革，自然會引起激烈的鬥爭。

他所進行的幾項措施對於許多貴族和大臣來說都是不利的，這些人一直都處心積慮地想要反對商鞅，包括太子和太子師傅等。

商鞅是一位執法嚴明的人，他明知道太子不喜歡自己，但是他並沒有向太子妥協。有一次，太子犯法，商鞅對秦孝公說：「國家的法令必須上下一律遵守。要是上頭的人不能遵守，那下面的人就不信任朝廷了。太子犯法，他的師傅應當受罰。」於是，他把太子和太子的師傅都治了罪，太子因為不能受墨刑，所以就處罰他的師傅，在臉上刺字。其他人見商鞅連太子和太子師傅的面子都不給，就再也不敢觸犯新法了，使新法得以順利推行。

過了十年，秦國果然越來越富強，周天子派遣使者送祭肉給秦孝公，封他為方伯，中原的各諸侯國紛紛向秦國道賀。商鞅變法為秦國成為戰國中期以後最為強大的國家奠定堅實的基礎。

相關連結：商鞅之死

由於商鞅制定的法令過於嚴苛，所以他在秦國的上層人士中十分招人怨恨。西元前338年，秦孝公去世，秦惠王即位。

商鞅想要告老退休，卻有人對秦惠王說：「商鞅的新法深入民心，老百姓都知道他的新法，根本不知道大王您。如今商鞅想離開，請您盡快下決斷。」

秦惠王聽了這話，還在猶豫要不要殺掉商鞅，這時候公子虔等人告發商鞅謀反。秦惠王派人捉拿商鞅，商鞅連夜逃跑，到邊關的時候想要投宿旅店，卻因為出來得急沒有帶憑證，店家因為怕犯了商鞅制定的連坐法被治罪，不敢收留他。商鞅沒想到，自己竟然是被自己制定的法令所害。

他又想去魏國避難，卻被魏國拒絕，因為他之前攻打過魏國。無奈之下，他只好偷偷潛回自己的封地商邑。商鞅雖然帶著邑兵反抗，但最後還是被秦惠王殺掉了，並且還把他的屍身帶回咸陽，處以車裂之刑。商鞅的家人也都被殺害。商鞅雖死，但他所推行的新法並沒有被廢除，而是一直影響著秦國乃至以後的秦朝。

傳奇商人呂不韋

自古以來商人都是買進貨物、賣出貨物，在這一進一出之間賺取利潤。歷史上有一個大商人，被稱為最有眼光的商人，因為他將買賣做到極致，他的貨物居然是一位國君。這個人就是呂不韋，一個傳奇商人。

奇貨可居

呂不韋本來是陽翟[120]的一個商人，他往來各地做買賣，累積起千金家業。但是他並不滿足於做一個商人，因為商人在當時的地位並不高，他很希望能夠做官，能夠光耀門庭[121]。

有一次，他到邯鄲去做生意，遇到一個人，看上去十分窮困落魄，旁人告訴他：「你別看這人窮酸樣，其實他大有來頭，他叫異人，是秦王的孫子，是送來邯鄲做人質的。」

呂不韋點點頭，一臉感興趣的樣子，「我去拜訪拜訪他。」

一個商人來拜訪自己，異人並不感興趣，畢竟自己的身分高貴。但是呂不韋說了一句話讓他樂了：「我能光大你的門庭。」

光大門庭就是讓家族身分變得更加高貴的意思，異人不由好笑，「你還是先光大自己的門庭吧。」

呂不韋也不生氣，「我要幫你光大門庭，我的門庭自然就能光大。」

異人一聽，覺得有點意思。

呂不韋說：「秦王已經老了，您的父親安國君被立為太子，但是他有二十多個兒子，您的母親不受寵，您又排在中間不得父親喜歡，所以才到趙國來當人質。難道您想一輩子當人質嗎？」

---

[120]　翟：ㄉㄧˊ。

[121]　門庭：指家庭或門第。

異人搖搖頭，當人質的生活太苦了，趙國和秦國一直戰爭不斷，他的車馬和日常開銷都不夠。

「我聽說秦太子有一位最喜歡的夫人，叫華陽夫人，她沒有兒子，你為什麼不向她示好，讓她幫你在安國君面前說說好話，將來繼承王位呢？」

異人長期在趙國做質子，最大的願望就是能改善自己的生活條件，哪裡敢想還能回去和二十幾個兄弟爭王位的事情。突然見呂不韋這麼跟自己說，而且還說得有鼻子有眼的，也不由得有些動心了。

呂不韋見說動他了，又說：「我雖然是個地位低下的商人，但是我願意拿出我的全部家產，幫助您獲得王位。」

異人感動極了，拉著呂不韋的手，「將來若是真的能夠得到王位，我將與你共享秦國。」

呂不韋留給異人五百金供他日常開銷和交際使用，自己則準備往秦國去打通華陽夫人的關節[122]。

下人不解，「為什麼要對異人這樣一位不得勢的王孫這麼好？」

呂不韋意味深長地說：「你不懂，這可是一件難得的貨物，我們囤起來，將來是可以賣高價的。」

丞相之路

呂不韋買了很多珍奇玩物來到秦國。他沒有直接去找華陽夫人，而是先去找了華陽夫人的弟弟陽泉君和她姐姐，請他們

[122] 關節：指暗中行賄溝通官員的事。

把東西代為轉送給華陽夫人，又藉機談到異人在趙國日夜思念安國君和夫人，把夫人看作親生母親一般，並因為華陽夫人是楚國人，異人還改名為子楚。

華陽夫人的姐姐得了呂不韋的好處，因此勸說華陽夫人：「我聽說靠美色侍奉的人，將來等到美色衰減，寵愛也就沒有了。夫人您現在是很受太子寵愛，但是將來呢？等到太子即位，還能少了年輕漂亮的女子供他選用嗎？到時候您怎麼辦？您失去寵愛，又沒有兒子，以後在這宮中該如何立足？」

沒有兒子是華陽夫人心中最深的痛，姐姐的話讓她連連點頭，「姐姐說得對，我也是日夜憂心這件事情。」

「所以啊，我聽呂不韋說在趙國做質子的異人對您非常想念，這不就是向您示好嗎？您為什麼不在太子面前幫他說說好話，要是立他為繼承人，那您不就能保住一生的尊寵嗎？」

華陽夫人就趁安國君心情好的時候，和安國君說起異人，還說他很有才能，和他交往過的人都稱讚他。她又哭訴：「我有幸得到您的寵愛，卻沒有兒子，以後我能依靠誰呢？異人如果能做您的繼承人，我就有依靠了。」

安國君看美人楚楚可憐，就答應華陽夫人，立異人為繼承人。異人成為儲君[123]之後，待遇提升很多，在諸侯中名聲也越來越大，也不再是以前那樣窮困畏縮的樣子。

---

[123] 儲君：帝王的親屬中已經確定繼承皇位等最高統治權的人。

有一天，他到呂不韋家做客，看見一位十分美麗的女子，向呂不韋討要。偏偏這女子也是呂不韋喜歡的，而且已經懷了呂不韋的孩子。呂不韋滿心不樂意，但是為了將來能夠光大門庭，他還是忍痛割愛，把這女子送給了異人。這女子後來生下一個兒子，異人十分喜愛，替他取名為政。

西元前 251 年，秦昭王去世，太子安國君繼位為王，華陽夫人為王后，異人為太子。趙國便護送異人的夫人和兒子嬴政回到秦國。

安國君是一個短命君主，加冕才三天就突發疾病死了，諡號為孝文王。異人繼位，他就是秦莊襄王。莊襄王尊奉為母的華陽王后為華陽太后，生母夏姬為夏太后。

異人為了感謝呂不韋對他的幫助，任命呂不韋為相，封為文信侯，河南洛陽十萬戶為食邑。

相關連結：一字千金

呂不韋雖然是個商人，但是目標遠大，眼光獨到。他扶持異人當上秦王，自己也成為秦國的丞相，終於改變身為商人有錢沒地位的局面。

當上丞相後，他也學著戰國四公子，結交賓客，希望能夠名揚四海。他給這些文人學士優厚的待遇，命令這些食客將各自的所見所聞記下，匯成一本書，名叫《呂氏春秋》。

做成這件事讓他很得意，他讓人把書的內容公布於咸陽的城門旁，對外宣布，任何人只要能對這書做一字的刪減，就獎勵一千金。但是最後也沒有一個人能夠做到。

這就是一字千金的故事。

只有十二歲的丞相

歷史上有很多關於聰明少年的記載，其中讓人不得不服的是戰國時期的一位少年。他十二歲就敢出使外國，憑自己的口才得到五座城池，還被封為上卿（相當於丞相）。這可是歷史上年齡最小的丞相了，他的名字叫做甘羅。

少年的恐嚇

甘羅的爺爺是秦國的名臣甘茂，甘羅從小就聰明過人，跟著身為政治家的爺爺學習很多朝廷政事。他小小年紀就拜在丞相呂不韋門下，深得呂不韋的喜愛。

有一天，他看到呂不韋很不高興地坐在堂上，就上去行禮問說：「請問君侯為什麼這麼不高興？」

呂不韋見是甘羅，就說：「還不是讓那個膽小的張唐氣的。」

「怎麼回事？」

「你也知道，我一直都想攻打趙國，占領河間。所以我很早前就派蔡澤去燕國做大臣。他在燕國用了三年的時間，終於說服燕國國君將太子丹送到我們秦國做人質。現在我想讓燕國跟我們合作，一起攻打趙國。我打算派張唐去做丞相，結果他居然拒絕我。」

甘羅很詫異，「他怎麼敢拒絕您？」

「他說他曾經替昭襄王攻打過趙國，趙國很怨恨他，還公告天下說誰要是抓住他，就賞賜方圓[124]百里的土地。他這次去燕國要經過趙國，所以心裡害怕，不願意去。」

甘羅一笑，「原來如此，讓我去跟他說說。」

「胡鬧，你只是個小孩子能去說什麼？讓我另想辦法吧！」

甘羅卻不服氣，「君侯，當年項橐[125]七歲就做孔子的老師，我今年已經十二歲了，難道連這件小事也辦不成嗎？」

呂不韋沒辦法，就讓他去試試。

甘羅找到張唐，問他：「請問，您的功勞和武安君白起比起來，誰的功勞更大？」

張唐回答：「白起為秦國南征北戰，打敗強大的楚國，又震懾[126]住趙、燕兩國，奪取無數城池，我的功勞自然比不上他。」

「那麼，您覺得當年執掌秦國朝政的范雎和呂丞相比起來，誰的權力更大？」

---

[124] 方圓：此處指面積。

[125] 橐：ㄊㄨㄛˊ。

[126] 震懾：懾，ㄕㄜˋ。震懾，震動使害怕。

「自然是呂丞相了。」

「那您可還記得，當年范雎想要攻打趙國，白起阻攔，後來范雎就在咸陽外七里的地方絞死白起。現在呂丞相親自請您到燕國任丞相，您卻不答應，我真是不知道您將來會死在哪裡！」

張唐懼怕呂不韋的權勢，自然明白甘羅的意思，連忙說：「我願意前往燕國。」

空手套白狼

張唐答應去燕國，這讓呂不韋十分意外，也對甘羅的聰明才智更加認可。

甘羅對呂不韋說：「張唐雖然答應去燕國，但是我認為還是應該先去趙國幫他打通一下，免得真被趙國人抓住殺了。」

呂不韋點點頭，「那派誰去合適？」

「請您為我準備五輛馬車，讓我去趙國替張唐打通關節。」

甘羅要代表秦國出使趙國，自然需要得到秦王政的認可。呂不韋就去向秦王政彙報：「甘羅是甘茂的孫子，雖然年紀輕，卻是名門之後，諸侯們都知道他。最近他幫我說服張唐去燕國擔任丞相，這說明他年紀雖小，但口才確實不錯。現在他請求去趙國幫張唐清除障礙，請大王答應。」

於是，秦王政便召見了甘羅。和他說一席話後，見他確實聰明伶俐，囑咐兩句關於出使他國需要注意的事項，就派他前往趙國。

趙國得知甘羅是秦王派來的使者，趙國國君悼襄王親自到郊外迎接。

甘羅見了趙王後，問說：「大王，您聽說燕太子丹到秦國做人質的事情嗎？」

悼襄王點點頭，「聽說了。」

「那您聽說張唐要到燕國擔任丞相的事情嗎？」

「也聽說了。」

「秦國和燕國你來我往，意味著什麼，難道您還看不出來嗎？」

「請您明示。」

「燕太子丹到秦國來，這說明燕國的態度，他們是不會背叛秦國的，畢竟太子還在秦國。而秦國派張唐去燕國擔任丞相，這說明兩國交好，秦國不會欺負燕國。秦國和燕國關係好了，對趙國可就不利了。因為趙國夾在兩國的中間，左右都不討好！」

悼襄王自然也擔心這一點，「那可有什麼辦法解決嗎？」

「我聽說您想攻打燕國，但是擔心秦國會幫助燕國。如果您今天能夠送五座城池給我，表明您的態度，秦國在河間的領地擴大了，就會把燕太子丹送回燕國去，不再做燕國的盟友，這樣您就可以放心大膽地攻打燕國了。」

悼襄王算算送出去五座城池，然後從燕國奪取更多城邑，趙國也不吃虧。就答應甘羅的要求，親自劃出河間一帶的五座城邑給秦國。秦國果然把燕太子丹送回去，之後趙國就有恃無恐地進攻燕國，奪得上谷三十座城邑，秦國得到其中的十一座。

甘羅單憑口才就為秦國拿回五座城池，得到秦王政的讚賞，他封甘羅為上卿，相當於丞相的職位，又把甘羅的爺爺甘茂原本的田地、房宅賜給甘羅。

於是，歷史上最年幼的丞相誕生了。

相關連結：公雞下蛋

甘羅從小就很聰明，深得爺爺甘茂喜歡。甘茂經常跟他講朝堂的事情，甘羅小小年紀聽得津津有味。

有一天，甘羅見爺爺下朝回來，一臉烏雲密布。於是他上前問說：「爺爺，您怎麼了？」

甘茂說：「大王不顧老百姓利益，非要耗費錢財大興土木。我反駁了兩句，惹得他不高興，就讓我上貢公雞蛋，否則就治我的罪。」

甘羅想了想，然後笑著說：「爺爺，不用擔心。明天你就在家休息，我去幫您上朝。」

第二天，甘羅跟著文武百官進了朝堂。秦王一見是他，很不高興：「你一個孩子跑到朝堂上來做什麼？甘茂呢？」

甘羅回答：「啟稟大王，我爺爺在家生孩子呢！」

秦王生氣地拍著桌子說：「胡說八道，男人怎麼生孩子？」

甘羅也不甘示弱，「您都知道男人不能生孩子，為什麼還要讓我爺爺上貢公雞蛋呢？」

秦王愣了一下，大笑出聲，「小小年紀就這麼聰明，看來是個可造之材啊！」

秦滅六國

歷史發展到戰國後期，各諸侯國已經走向衰落，而位於西部的秦國卻不斷地壯大起來。強大的秦國平定內亂，提升國力，在恰當的時機終於成功跨過崤山，遠交近攻、分化六國，並各個擊破，把六國領土併於強秦之下。

平內亂

秦莊襄王在趙國做了多年的質子[127]，好不容易在呂不韋的幫忙下回到秦國，繼承了王位，可惜他短命，只當三年國君就死掉了。繼任的是他的兒子嬴政。

---

[127] 質子：古代派往敵方或他國去的人質。

嬴政在趙國出生，他的母親是趙姬，就是莊襄王還是質子的時候從呂不韋那裡要來的已經懷孕的美人。嬴政在趙國度過少年時期，直到他父親被封為太子，回到秦國，他才和母親一起被送回秦國。呂不韋心裡明白嬴政的真正身分，所以他和趙姬一起極力促成嬴政被立為繼承人。莊襄王感激呂不韋對他的幫助，也很愛趙姬，所以答應他的要求，嬴政成了秦國的儲君。

嬴政被立為儲君沒多久，莊襄王就撒手西去，十三歲的嬴政成了新國君，史稱秦王政。

十三歲的孩子哪有什麼能力處理國家大事，朝政便都由丞相呂不韋把持。為此，呂不韋還被秦王政尊為「仲父」。

但是，呂不韋很不厚道，權力到手了，一人之下萬人之上；錢財也到手了，河南洛陽十萬戶都是他的食邑。他還不滿足，居然還和秦王政的母親趙姬私通。趙姬已經是太后了，要是暴露出來，秦王政這個君主的臉面往哪裡放呀？

所謂紙包不住火，秦王政一天一天長大，肯定對母親和呂不韋之間的關係有所察覺，但是他是一個很能忍的人，他沒有爆發，他在等自己親政的那一天。一旦他親政，就意味著原本由呂不韋掌握的權力一大半都要回到秦王政手裡。

呂不韋看著秦王政慢慢長大，日益沉穩，做事也越來越有章法[128]，就開始擔心自己的未來了。他想，自己這個丞相不可

[128]　章法：比喻辦事的程式和規則。

能永遠把持朝政，秦王政總會親政，到時候秦王政要是來和自己算私通的帳，自己這顆腦袋就保不住了。

於是呂不韋找了一個替死鬼，叫做嫪毐[129]。他把這人假扮成太監送進宮去，趙太后十分喜歡，每天和嫪毐尋歡作樂，醉生夢死，居然還生了兩個孩子。不過為了安全起見，孩子都偷偷地送出宮去了。

嫪毐沒有呂不韋沉穩，一旦得勢就變得很囂張。他居然跟人說他是秦王政的假父[130]。這話傳到秦王政的耳朵裡，不亞於一顆炸彈爆炸，他決定殺了嫪毐。嫪毐知道後，知道自己的死期快到了，便開始暗暗地積蓄自己的力量。

西元前 238 年，秦王政滿二十二歲，要在雍城蘄[131]年宮舉行冠禮。嫪毐就率領自己的武裝力量進攻蘄年宮，不過被秦王政提前埋伏在那裡的三千士兵打得落荒而逃。嫪毐又轉回去攻打都城咸陽，誰知那裡也有伏兵，他只好逃跑，但最後還是被抓了回去。秦王政把他車裂後曝屍示眾，趙太后被關進萯[132]陽宮，她和嫪毐生的兩個孩子也被摔死。

嫪毐的下場讓呂不韋膽顫心驚，不久，秦王政果然找他算帳了。第一步先把他的丞相之位免了，第二步流放他去蜀地。

---

[129] 嫪毐：ㄌㄠˋ　ㄞˇ。

[130] 假父：義父。

[131] 蘄：ㄑㄧ。

[132] 萯：ㄈㄨˋ。

呂不韋壓根就沒出發，因為他知道自己的下一步就是死，所以就服毒自殺了。

秦王政把呂不韋和嫪毐兩大勢力消滅後，平定了內亂，為接下來征戰六國、統一天下做好準備。

滅六國

秦王政剷除呂不韋和嫪毐兩股勢力，便開始親政，他的目標是統一六國，坐擁天下。為了達到這個目標，他重用李斯、尉繚等人，制定了滅六國策略。這個策略共分為三步，籠絡燕齊，穩住楚魏，消滅韓趙，然後各個擊破，統一全國。

西元前 230 年，內史騰奉嬴政之命攻打韓國，大敗韓軍，擒獲韓王韓安，收繳韓國的全部土地，設定潁川郡。

西元前 229 年，趙國發生大地震和大災荒，秦國趁機派王翦[133]領兵攻趙。趙國派李牧、司馬尚率兵抵禦，雙方僵持了一年。王翦重金收買趙王寵臣郭開，讓他散布李牧、司馬尚企圖謀反的流言。趙王輕信流言，殺了這兩個人，王翦再無對手，攻入趙國如入無人之地。西元前 228 年，秦軍攻占邯鄲，趙國滅亡。

[133] 翦：ㄐㄧㄢˇ。

西元前 227 年，燕太子丹派荊軻刺殺秦王未遂，秦王立即派王翦領兵攻燕。第二年，王翦攻破燕都薊，燕王喜殺太子丹求和，然後自己逃到遼東，秦軍此時因為集中主力調往南線進

攻楚國，故暫時放過了殘燕勢力。西元前 222 年，王賁奉命攻殘燕勢力，俘獲燕王喜，燕國徹底滅亡。

西元前 225 年，王賁率領六十萬大軍攻打魏國，包圍魏都大梁，採用水攻，用黃河水水淹大梁，三個月後，大梁城破，魏國滅亡。

西元前 224 年，王翦率領十萬大軍攻打楚國，但一年不出戰，楚軍糧草不足，鬥志渙散。王翦乘機滅楚軍主力，占領楚都壽春，楚國滅亡。

西元前 221 年，王賁率軍南下攻打齊國，齊王建投降，齊亡。

至此秦滅六國，一統天下。

秦王政用不到十年時間，滅除六國，結束春秋戰國以來五百五十多年的戰亂局面，建立了中國歷史上第一個統一中央集權的封建大帝國。這個大帝國對古代封建社會政治制度具有劃時代的意義，它開創了中國歷史的新紀元，使古代社會向前推進了一大步。

相關連結：「貪得無厭」的王翦

秦王要攻打楚國，他想找老將王翦出馬，王翦要求必須給他六十萬大軍，否則不出征。秦王東拼西湊，湊夠了六十萬兵力，基本上是秦國的全部兵力，然後交給王翦。

送王翦出征的時候，秦王雖然嘴上說希望王翦早日凱旋，但臉上卻陰晴不定。王翦走得很遠了，他還立在原地。

但，王翦騎著馬回來了，秦王政很奇怪：「將軍為什麼回來？」

「臣老了，想為子孫謀點田產。」

秦王政點點頭，「咸陽西邊一萬畝良田歸你了。」

王翦走後沒多久，王翦的兒子王賁又回來了，說王翦還要咸陽東頭的五棟府第。秦王政乾脆賜給他八棟。

過了不久，王翦又派屬下來要府第周邊的五十里地作為他的獵場，秦王政直接賜了一百里的青山給他。

屬下十分不理解王翦，王翦笑說：「大王交給我六十萬大軍，卻對我不放心，我這樣貪得無厭是讓他放心啊！」

果然，秦王回宮後說：「這王翦也不是什麼真英雄啊！」其實他心裡很高興，因為他看出王翦並沒有反叛之心。

投江詩人屈原

古往今來跳江而死的人數不勝數，但是跳出一個節日的就只有屈原了。屈原因小人讒言被流放湘南，縱身跳入汨[134]羅江，留下千古絕唱楚辭《離騷》，成為中國歷史上最偉大的文人之一。

[134] 汨：ㄇㄧˋ。

懷王之死

楚懷王時期，楚國的國勢到達頂峰，與齊、秦並列三大強國，楚懷王還被推舉為合縱攻秦的縱長，一時間風光無限。

秦王見六國合縱，對秦國不利，就派張儀破壞合縱聯盟。張儀憑著三寸不爛之舌說服楚國，楚國為了得到張儀承諾的六百里商於之地，就同意與齊國斷交。結果斷交之後才發現中了張儀的計謀，六百里地變成了六里地。楚王大怒，發兵攻打秦國，卻在丹陽、藍田、召陵三戰中均被秦軍打敗。

楚國自從被秦國打敗後，一直受秦國欺負，楚懷王便又想重新和齊國聯合。秦昭襄王即位後，很客氣地寫信給楚懷王，請他到武關相會，當面訂立盟約。

楚懷王很糾結，不去怕得罪秦國；去了，又怕秦國對自己不利。

大夫屈原不贊成他去，「秦國像豺狼一樣凶暴，不止一次欺壓我們楚國。大王您去了，難道還指望得到禮遇嗎？肯定會中他們的圈套的。」

但是懷王的兒子公子子蘭想交好秦國，就使勁勸楚懷王去武關和秦王會盟，「人家秦國是大國，他們願意和我們和好，我們為什麼不答應？難道非要打打殺殺，造成百姓傷亡、領土被割才滿意嗎？」

楚懷王聽信了公子子蘭的話，就去了武關。

事實果然如屈原所料，楚懷王剛踏進武關，立刻就被秦國預先埋伏下的人馬截斷後路。秦昭襄王對楚懷王說，只有交出黔[135]中的土地，才會放他回楚國。

楚懷王不答應，秦王就把他押到咸陽軟禁起來，然後派人送信去楚國，讓他們拿土地來換。楚國的大臣們卻沒有照辦，而是把太子立為新君，這個國君就是楚頃襄王。公子子蘭當了楚國的令尹。

楚懷王在秦國被關押了一年多，受盡屈辱，吃盡苦頭。後來，他逮著機會冒險逃出咸陽，卻被秦兵抓了回去。再後來，就因病死在秦國。

汨羅投江

楚懷王屈辱地死在秦國，楚國人都很悲憤，尤其是大夫屈原。他原本就是一個對秦國十分憎惡[136]的人，再加上楚懷王這筆帳，他就更加氣憤了。

他總是勸楚頃襄王要廣泛地蒐羅人才、遠離小人，要重視軍事，鼓勵將士們勤練兵馬。積蓄實力之後，找秦國報仇，為楚懷王和楚國將士雪恥。

---

[135] 黔：ㄑㄧㄢˊ。

[136] 憎惡：ㄗㄥ　ㄨˋ。憎恨，厭惡。

楚頃襄王好不容易坐上王位，屈原就整天在他耳邊嘮叨，他心裡很煩。新任的令尹子蘭和靳尚等人也仇視屈原，每天都在楚頃襄王面前說屈原的壞話。

「大王，屈原這是在罵您哪！他說您忘了秦國的仇恨，這是在說您不孝啊！」

「是啊是啊，他還說大臣們都安於享樂，不去想辦法抗擊秦國，這是不忠。」

「您是楚國的大王，他罵您不孝，罵我們這些人不忠，這滿朝廷不忠不孝的人，難道他屈原是忠孝之人？難道真如他所說，楚國在您手上就會滅亡？」

楚頃襄王哪裡聽得了這些話，一怒之下就革了屈原的職，把他放逐[137]到湘南去了。

屈原出身貴族，對楚國十分忠誠，他從小就抱著強國救民的志向，現在居然被奸臣排擠出了朝堂，成了一個流放之人。他到了湘南之後，經常在汨羅江一帶一邊走一邊唱著傷心的詩歌。

人們都知道屈原是一個愛國大臣，現在卻被流放到這荒野的地方，都十分同情他。這種同情對屈原卻沒什麼用，他依然十分苦悶，因為他不知道自己還能為楚國做些什麼。他知道，楚國再由子蘭和靳尚這群小人攪和下去，肯定會被秦國滅國。

---

[137]　放逐：古時把被判罪的人驅逐到邊遠地方。

他眼見這樣的未來，卻無力更改，心裡的苦悶更加沉重了。

有一天，在汨羅江上打魚的漁夫碰到他，見他愁眉不展的樣子，就說：「你不是楚國的大夫嗎？為什麼到這裡來了？」

屈原感嘆：「許多人都很骯髒，我卻太乾淨了；人家都喝醉了，我卻還清醒著。因為跟別人不一樣，所以我就被趕到這裡來了。」

漁夫不以為然，「既然大家都是骯髒的，你為什麼又非要堅持乾淨呢？既然大家都喝醉了，那你就跟大家一起醉吧，何必獨自清醒呢？」

屈原搖搖頭，「我做不到啊！就像剛洗過頭髮的人，再戴上帽子之前，會把帽子彈一彈，因為他擔心帽子上的灰會弄髒了頭髮；剛洗過澡的人也會把衣服上的灰撣一撣，免得弄髒了身體。我明知道自己是乾淨的，為什麼要和他們混在一起？若是這樣，我寧願跳進江中，埋到魚肚子裡去。」

漁夫搖搖頭，心想這人實在是太潔身自好，注定要被排擠啊！

西元前 278 年的五月初五，屈原苦悶至極，實在找不到解脫的法子，就抱著一塊大石頭跳進汨羅江淹死了。

屈原留下了很多優秀的詩歌，其中最有名的就是《離騷》。他在詩歌裡痛斥賣國的小人，表達了他憂國憂民的心情，對楚國的一草一木都寄託無限的深情。他是古代傑出的愛國詩人。

相關連結：端午節的習俗

現在到了端午節，有賽龍舟和吃粽子的習俗，那麼，這習俗是怎麼來的呢？

原來，屈原在五月初五跳江自殺之後，人們為了懷念他，每年都到汨羅江邊祭奠他。

人們把白米撒進汨羅江，一邊撒一邊唸著：「江裡的大魚小魚啊，請你們吃這美味的白米吧，不要吃那冤屈而死的屈大夫啊！」

人們還把船畫上五顏六色的花紋，用來驚嚇江裡的鬼神，他們划著這種花船在江裡來回穿梭，嘴裡唸著：「江裡的鬼神啊，你們不要驚嚇到我們的屈原大夫，就讓他在江底長眠吧！」

慢慢地，撒白米和划花船就演變成了五月初五吃粽子和賽龍舟的習俗。

電子書購買

爽讀 APP

國家圖書館出版品預行編目資料

原來春秋戰國這麼鬧？弒君未遂反成宰相、想退休卻被火烤……亂世到底有多亂？ / 朱燕 著. -- 第一版. -- 臺北市：複刻文化事業有限公司，2025.06

面； 公分

POD 版

ISBN 978-626-428-141-6(平裝)

1.CST: 中國史 2.CST: 春秋戰國時代 3.CST: 通俗史話

610.9　　　　114006627

原來春秋戰國這麼鬧？弒君未遂反成宰相、想退休卻被火烤……亂世到底有多亂？

臉書

作　　者：朱燕

責任編輯：高惠娟

發 行 人：黃振庭

出 版 者：複刻文化事業有限公司

發 行 者：崧燁文化事業有限公司

E-mail：sonbookservice@gmail.com

粉 絲 頁：https://www.facebook.com/sonbookss/

網　　址：https://sonbook.net/

地　　址：台北市中正區重慶南路一段 61 號 8 樓

8F., No.61, Sec. 1, Chongqing S. Rd., Zhongzheng Dist., Taipei City 100, Taiwan

電　　話：(02) 2370-3310　　傳　　真：(02) 2388-1990

印　　刷：京峯數位服務有限公司

律師顧問：廣華律師事務所 張珮琦律師

定　　價：299 元

發行日期：2025 年 06 月第一版

◎本書以 POD 印製